Mein Vater, wie ich mich an ihn erinnere

Mamie Dickens

Writat

Diese Ausgabe erschien im Jahr 2024

ISBN: 9789359944500

Herausgegeben von
Writat
E-Mail: info@writat.com

Inhalt

KAPITEL I.

„Gad's Hill" als Kind sehen. – Seine häusliche Seite und Liebe zum Heim. – Seine Liebe zu Kindern. – Seine Ordentlichkeit und Pünktlichkeit. – Bei Tisch und als Gastgeber. – Das Original von „Little Nell".

Auch wenn ich Ihnen, meine lieben Freunde, auf diesen Seiten, die ich zum Gedenken an meinen Vater geschrieben habe, nichts Neues über ihn erzählen sollte, kann ich Ihnen zumindest versprechen, dass ich das, was ich erzählen werde, getreulich, wenn auch einfach, wiedergeben werde und dass vielleicht einige Dinge dabei sein werden, die Ihnen nicht vertraut sind.

Viele Schriftsteller haben es sich zur Aufgabe gemacht, Lebensgeschichten meines Vaters zu schreiben, Anekdoten über ihn zu erzählen und allerlei Dinge über ihn zu drucken. Von all diesen veröffentlichten Büchern habe ich nur eines gelesen, das einzige echte „Leben", das bisher über ihn geschrieben wurde, nämlich das von meinem Vater selbst genehmigte: „Das Leben von Charles Dickens" von John Forster.

Aber wenn ich über meinen Vater schreibe, werde ich mich hauptsächlich auf meine eigene Erinnerung an ihn verlassen, denn ich wünsche mir keine andere oder innigere Erinnerung. Meine Liebe zu meinem Vater wurde nie von einer anderen Liebe berührt oder erreicht. Ich bewahre ihn in meinem tiefsten Innern als einen Menschen, der sich von allen anderen Menschen unterscheidet, als einen, der sich von allen anderen Wesen unterscheidet.

Es ist ganz natürlich, dass ich über die Kindheit meines Vaters kaum mehr weiß als das, was die breite Öffentlichkeit weiß. Aber ich kann mich nicht erinnern, ihn jemals oder unter irgendwelchen Umständen auf diese unglücklichen Tage seines Lebens anspielen gehört zu haben, außer in dem einen Fall seiner kindlichen Liebe und Bewunderung für „Gad's Hill", der so eng mit seinem Namen und seinen Werken verbunden werden sollte.

Er hatte eine sehr starke und treue Bindung an Orte: Chatham, glaube ich, war in dieser Hinsicht seine erste Liebe. Denn hier fand er, als Kind, und zwar ein sehr kränkliches Kind, der arme kleine Kerl, in einem alten Gästezimmer einen Büchervorrat, darunter „Roderick Random", „Peregrine Pickle", „Humphrey Clinker", „Tom Jones", „Der Pfarrer von Wakefield", „Don Quixote", „Gil Blas", „Robinson Crusoe", „Tausendundeine Nacht" und andere Bände. „Sie waren", wie Mr. Forster schrieb, „eine Menge Freunde, als er keinen einzigen Freund hatte." Und als er in Chatham lebte, sah er zum ersten Mal „Gad's Hill".

Als „sehr merkwürdiger kleiner Junge" ging er an Feiertagen oder wenn ihm der Sinn nach einer „großen Freude" stand, immer zu dem Haus hinauf – es stand auf dem Gipfel eines hohen Hügels. Er blieb stehen und schaute es an, denn als kleiner Kerl hatte er eine wunderbare Vorliebe und Bewunderung für das Haus, und es war für ihn wie kein anderes Haus, das er je gesehen hatte. Er ging mit seinem Vater davor auf und ab und betrachtete es voller Entzücken, und dieser sagte ihm, dass er vielleicht eines Tages in genau diesem Haus leben könnte, wenn er hart arbeitete, fleißig war und zu einem guten Mann heranwuchs. Seine Liebe zu diesem Ort begleitete ihn sein ganzes Leben lang und blieb ihm bis zu seinem Tod erhalten. Er fährt „Mr. Pickwick" und seine Freunde von Rochester über die schöne Nebenstraße nach Cobham, und ich erinnere mich, dass er mir eines Tages, als wir dort entlangfuhren, genau die Stelle zeigte, wo „Mr. Pickwick" rief: „Brr, ich habe meine Peitsche fallen lassen!" Nach seiner Hochzeit verbrachte er mit seiner Frau die Flitterwochen in einem Dorf namens Chalk zwischen Gravesend und Rochester.

Viele Jahre später, als er mit seiner Familie in einer Villa in der Nähe von Lausanne lebte, schrieb er an einen Freund: „Die grünen Wälder und grünen

Schatten hier ähneln mehr Cobham in Kent als allem, was wir uns am Fuße der Alpenpässe erträumen." Und noch in späteren Jahren führte einer seiner Lieblingsspaziergänge von „Gad's Hill" zu einem Dorf namens Shorne, wo es eine malerische alte Kirche und einen Friedhof gab. Er sagte oft, dass er dort gerne begraben werden würde, da die Ruhe und Stille dieses heimeligen kleinen Ortes eine zarte Faszination auf ihn ausübte. Wir sehen also, dass sein Herz immer in Kent war.

Doch dieser einzige Hinweis auf seine früheren Jahre soll genügen, damit ich in den Jahren über ihn schreiben kann, in denen ich mich an ihn unter uns und in unserem Zuhause erinnere.

Von frühester Kindheit an, über seine frühesten Ehejahre bis zu seinem Tod war er ein häuslich geprägter Mensch. Er war in jeder Hinsicht ein „Häusling". Als er schon in jungen Jahren berühmt wurde, nahm er, wie wir wissen, all seine Freuden und Sorgen mit nach Hause und fand dort Sympathie und Gesellschaft bei seinen „eigenen vertrauten Freunden". In seinen Briefen an diese, in seinen Briefen an meine Mutter, an meine Tante und später an uns, seine Kinder, vergaß er nie etwas Interessantes über seine Arbeit, seine Erfolge, seine Hoffnungen oder Ängste. Und in seinem Glauben, dass solche Nachrichten ganz sicher für alle akzeptabel sein würden, lag eine süße Einfachheit, die, wenn sie von einem genialen Mann kommt, wunderbar rührend und kindlich ist.

Seine Sorgfalt und Aufmerksamkeit in häuslichen Angelegenheiten, nichts war zu klein oder trivial, um seine Aufmerksamkeit und Rücksichtnahme zu erfordern, waren wirklich erstaunlich, wenn wir an seinen aktiven, eifrigen, ruhelosen, arbeitenden Verstand denken. Kein Mann war so natürlich geneigt, sein Glück aus häuslichen Angelegenheiten zu beziehen. Er war voller Interesse an einem Haus, das normalerweise Frauen vorbehalten ist, und seine Fürsorge für uns als kleine Kinder übertraf ganz sicher die Liebe der Frauen! Er war ein zärtlicher und überaus liebevoller Mensch.

Viele Sommer hintereinander fuhren wir nach Broadstairs. Dieser kleine Ort wurde zu einem Lieblingsort meines Vaters. Er war dort immer sehr glücklich und liebte es, im Garten seines Hauses umherzuwandern, normalerweise in Begleitung eines seiner Kinder. In späteren Jahren, als er in Boulogne war, trottete sein jüngster Sohn, „der edle Plorn", oft an seiner Seite. Diese beiden waren in jenen Tagen ständige Gefährten, und nach diesen Spaziergängen hatte mein Vater immer eine lustige Anekdote parat, die er uns erzählen konnte. Und als Jahre später die Zeit kam, dass der Junge seines Herzens in die Welt hinausging, schrieb mein Vater, nachdem er ihn verabschiedet hatte: „Der arme Plorn ist nach Australien gegangen. Es war ein schwerer Abschied am Ende. Als der Tag näher rückte, schien er wieder mein jüngstes und liebstes kleines Kind zu werden, und ich hätte nicht gedacht, dass ich so erschüttert sein könnte. Das sind harte, harte Dinge, aber sie müssen vielleicht ohne Mittel oder Einfluss getan werden, und dann wären sie noch viel härter. Gott segne ihn!"

Als mein Vater seine Lesungen aus „Dombey" arrangierte und probte, bereitete ihm der Tod des „kleinen Paul" so große Qualen, da ihm die Lesung so schwerfiel, dass er uns erzählte, er könne seine intensiven Gefühle nur dadurch beherrschen, dass er sich ständig das Bild von Plorn vor Augen hielt, gesund, stark und munter. An den verschiedenen Kinderfiguren in seinen Büchern können wir erkennen, wie wunderbar er sich mit Kindern auskannte und wie wunderbar und wahrhaftig weiblich er ihnen in all ihren kindlichen Freuden und Sorgen gegenüberstand. Ich kann mich daran erinnern, wie freundlich, rücksichtsvoll und geduldig er mit uns, seinen eigenen Kindern, immer war. Aber wir hatten nie Angst, uns in Schwierigkeiten an ihn zu wenden, und er hat uns unter keinen Umständen jemals eine Abfuhr erteilt oder ein böses Wort gesagt. Er war immer froh, uns „Leckerbissen" zu geben, wie er sie nannte, und dachte sich alle möglichen dieser „Leckerbissen" für uns aus, und wenn wir um einen Gefallen gebeten wurden, konnten wir uns immer einer positiven Antwort sicher sein. Bei diesen Gelegenheiten war meine Schwester „Katie" normalerweise unsere Botin, während wir anderen vor der Tür des Arbeitszimmers warteten, um das Urteil zu hören. Sie und ich pflegten an jenen Sommerabenden wunderbare Feste zu genießen, indem wir mit ihm, unserer Mutter und „Tante" [15] in der offenen Kutsche nach Hampstead fuhren und dann einen langen Spaziergang durch die lieblichen Landstraßen machten, wilde Rosen und andere Blumen pflückten oder Hand in Hand mit ihm gingen und einer Geschichte zuhörten.

Ich glaube, es hat auf der ganzen Welt nie ein ordentlicheres oder methodischeres Wesen gegeben als meinen Vater. Er war in jeder Hinsicht ordentlich – in seinem Denken, in seiner schönen und anmutigen Person, in seiner Arbeit, beim Aufräumen seiner Schreibtischschubladen, in seiner umfangreichen Korrespondenz, eigentlich in seinem ganzen Leben.

Ich erinnere mich, dass meine Schwester und ich ein kleines Dachzimmer in der Devonshire Terrace bewohnten, ganz oben im Haus. Er hatte sich die größte Mühe gegeben, das Zimmer für seine beiden kleinen Töchter so hübsch und gemütlich wie möglich zu gestalten. Er wurde oft die steile Treppe hinauf in dieses Zimmer gezerrt, um einen neuen Druck oder ein neues Ornament zu sehen, das wir Kinder aufgehängt hatten, und er sprach immer Worte des Lobes und der Anerkennung für uns. Er ermutigte uns auf jede erdenkliche Weise, uns nützlich zu machen, unsere Zimmer mit unseren eigenen Händen zu schmücken und zu verschönern und immer ordentlich und sauber zu sein. Ich erinnere mich, dass die Dekoration dieses Dachzimmers ausgesprochen primitiv war; die ungerahmten Drucke wurden mit gewöhnlichen schwarzen oder weißen Nadeln, je nachdem, welche wir bekommen konnten, an der Wand befestigt. Aber egal, wenn sie ordentlich und sauber aufgehängt waren, waren sie immer „ausgezeichnet" oder „ganz schön", wie er zu sagen pflegte. Schon in jenen frühen Tagen legte er Wert darauf, jeden Morgen einmal alle Räume des Hauses zu besuchen, und wenn ein Stuhl nicht an seinem Platz war, eine Jalousie nicht ganz gerade war oder eine Krume auf dem Boden lag, dann war das Schicksal des Übeltäters furchtbar.

Und dann seine Pünktlichkeit! Sie war für einen unpünktlichen Geist fast furchterregend! Dies war wiederum eine weitere Phase seiner extremen Ordentlichkeit; es war auch das Ergebnis seiner übermäßigen Rücksichtnahme und Rücksichtnahme auf andere. Auch sein Mitgefühl für alle Schmerzen und Leiden machte ihn in einem Krankenzimmer unschätzbar wertvoll. Schnell, aktiv, vernünftig, aufgeweckt und fröhlich und bis zu einem gewissen Grad mitfühlend, ergriff er den „Fall" sofort, wusste genau, was zu tun war, und tat es. Bei all unseren kindlichen Gebrechen sahen wir seinen Besuchen mit Spannung entgegen; und unsere kleinen Herzen schlugen einen Hauch schneller und unsere Schmerzen und Leiden wurden erträglicher, wenn das Geräusch seiner schnellen Schritte zu hören war und der ermutigende Akzent seiner Stimme den Kranken begrüßte. Ich kann mich jetzt noch erinnern, als wäre es gestern gewesen, wie die Berührung seiner Hand – er hatte eine äußerst mitfühlende Berührung – manchmal fast zu viel war, die Hilfe und Hoffnung darin ließ mein Herz bis zum Überlaufen überfließen. Er glaubte fest an die Wirkung des Mesmerismus als Heilmittel für einige Krankheiten und war selbst ein nicht unbedeutender Mesmerist. Ich kenne viele Fälle, darunter auch meinen eigenen, in denen er seine Macht auf diese Weise mit großem Erfolg anwandte.

Und wie beschäftigt er auch sein mochte, und selbst in seinen Stunden der Entspannung war er, wenn Sie mich verstehen, immer beschäftigt; er war bereit, jede Menge Zeit zu opfern und sich keine Mühen zu ersparen, wenn er dadurch irgendwie Krankheit und Schmerz lindern konnte.

In vielen Büchern meines Vaters finden sich immer wieder Hinweise auf köstliche Mahlzeiten, wunderbare Abendessen und noch wunderbarere Gerichte, dampfende Schüsseln Punsch usw., was viele zu der Annahme verleitet hat, er sei ein Mann gewesen, der das Essen sehr liebte. Und doch glaube ich, dass nie ein enthaltsamerer Mensch gelebt hat.

In den „Gad's Hill"-Tagen, als das Haus voller Gäste war, hatte er die eigentümliche Angewohnheit, das Menü für das Abendessen des Tages immer zur Mittagszeit auf dem Büfett stehen zu lassen. Und dann besprach er jedes Gericht auf seine phantasievolle, humorvolle Art mit seinen Gästen, ungefähr so: „Kakao? Gut, ausgesprochen gut; gebratene Seezungen mit Garnelensauce? Auch gut; Hühnerkroketten? Schwach, sehr schwach; hier fehlte es entschieden an Vorstellungskraft" und so weiter, und er war anscheinend so sehr mit den Vorzügen oder Nachteilen eines Menüs beschäftigt, dass man meinen konnte, er lebe nur für das kommende Abendessen. Er hatte einen kleinen, aber gesunden Appetit, war aber sowohl beim Essen als auch beim Trinken bemerkenswert enthaltsam.

Er war ein wunderbarer Gastgeber, der sich um jeden Gast individuell kümmerte und die besonderen Qualitäten eines jeden voll zur Geltung brachte und hervorhob, der selbst die Schüchternsten beruhigte, das Beste aus den Eintönigsten machte und sich nie in den Vordergrund drängte.

Aber wenn er am entzückendsten war, wenn er allein mit uns zu Hause war und beim Nachtisch saß, und wenn meine Schwester besonders bei uns war – ich spreche jetzt von unseren Erwachsenentagen –, dann hatte sie große Macht, ihn „aus der Reserve zu locken". Obwohl er sich zu solchen Zeiten in ernster oder geistesabwesender Stimmung zum Essen setzte, warf er sein Schweigen ausnahmslos bald beiseite und erfreute uns alle schließlich mit seinem freundlichen Gerede und seinen kuriosen Phantasien über Menschen und Dinge. Er war, wie ich bereits sagte, immer sehr an Mesmerismus und dem seltsamen Einfluss interessiert, den eine Persönlichkeit auf eine andere ausübt. Ich erinnere mich, dass er einmal ein Beispiel dafür verwendete: Wenn er jemandem in den belebten Straßen Londons begegnete, war er im Begriff, sich umzudrehen, um den vermeintlichen Freund anzusprechen, als er seinen Irrtum rechtzeitig bemerkte und weiterging, bis er tatsächlich dem echten Freund begegnete, dessen Schatten sozusagen gerade eben seinen Weg gekreuzt hatte.

Und dann das Vergessen eines Wortes oder eines Namens. „Wo ist das denn nun gelandet, und warum fällt es mir jetzt plötzlich wieder ein?" Und während diese Gedanken durch seinen Kopf gingen und verträumt ausgesprochen wurden, erschienen sie auch auf seinem Gesicht. Noch ein Augenblick, vielleicht, und seine Augen würden voller Spaß und Lachen sein.

Zu Beginn seiner literarischen Karriere trauerte er sehr über den Tod – einen sehr plötzlichen Tod – der Schwester meiner Mutter, Mary Hogarth. Sie war von äußerst charmantem und liebenswertem Wesen und außerdem sehr schön. Bald nach der Heirat meiner Eltern war Tante Mary ständig bei ihnen. Im Laufe ihrer Entwicklung wurde sie für meinen Vater zum Idealbild eines jungen Mädchens. Und seine eigenen Worte zeigen, wie sehr ihn diese große Zuneigung und der Einfluss der geliebten Erinnerung an das Mädchen bis an sein Lebensende begleiteten. Der Schock ihres plötzlichen Todes traf und warf ihn so nieder, dass die Veröffentlichung von „Pickwick" für zwei Monate unterbrochen wurde.

„Ich blicke zurück", schrieb er, „und mit ungetrübter Freude auf jedes Glied, das jede folgende Woche zur Kette unserer Verbundenheit hinzugefügt hat. Ich hoffe, es wird hart werden, bevor irgendetwas außer dem Tod die Festigkeit einer nun so fest geschmiedeten Verbindung beeinträchtigt. Diese schöne Passage, die Sie mir freundlicherweise und rücksichtsvoll geschickt haben, hat mir das einzige Gefühl gegeben, das der Freude ähnelt, trauriger Freude, das ich bisher im Zusammenhang mit dem Verlust meines lieben jungen Freundes und Gefährten empfunden habe, für den meine Liebe und Verbundenheit niemals nachlassen wird und an dessen Seite, wenn es Gott gefällt, mir den Verstand zu geben, um meine Wünsche auszudrücken, meine Gebeine eines Tages beigesetzt werden, wann und wo auch immer ich sterbe."

Sie wurde auf dem Kensal Green Cemetery beerdigt und ihr Grab trägt die folgende Inschrift meines Vaters:

„Jung, schön und gut, Gott in seiner Gnade zählte sie bereits im Alter von siebzehn Jahren zu seinen Engeln."

Ein Jahr nach ihrem Tod schrieb er meiner Mutter aus Yorkshire: „Ist es nicht außergewöhnlich, dass mir dieselben Träume, die mich seit dem Tod der armen Mary ständig heimsuchen, überallhin folgen? Nach all den Szenenwechseln und der Anstrengung habe ich seit meiner Abreise von zu Hause von ihr geträumt und werde es zweifellos tun, bis ich zurückkomme. Manchmal würde ich gern glauben, dass ihr Geist einen gewissen Einfluss auf sie hat, aber ihre ständige Wiederholung ist außergewöhnlich."

Im Laufe der Jahre kam es zu unvermeidlichen Veränderungen in unserem Zuhause. Aber keine Veränderung konnte jemals die häusliche Natur meines Vaters ändern. Wie er als junger Mann an Mr. Forster schrieb, so blieb es ihm bis zu seinem Tod: „So Gott will, werden wir uns bald wiedersehen und glücklicher sein als je zuvor in unserem Leben. Oh! Zuhause – Zuhause – Zuhause!!!"

KAPITEL II.

Weihnachtsgeschenke kaufen. – Beim Tanz. – Der Fröhlichste von allen. – Als Zauberer. – Weihnachten auf „Gad's Hill". – Unsere Weihnachtsessen. – Ein Silvesterspaß. – Neujahr auf dem Grün. – Dreikönigsfest.

Weihnachten war bei uns zu Hause immer eine Zeit, der wir mit Spannung und Freude entgegensahen, und ich glaube, meinem Vater war es eine Zeit, die ihm lieber war als jeder andere Teil des Jahres. Er liebte Weihnachten wegen seiner tiefen Bedeutung und seiner Freude, und das zeigt er in jeder Anspielung auf das große Fest in seinen Schriften, ein Tag, der seiner Meinung nach erfüllt sein sollte von der Liebe, die wir einander entgegenbringen sollten, und von der Liebe und Ehrfurcht seines Erlösers und Meisters. Selbst in seinen fröhlichsten Weihnachtsvorstellungen gibt es immer subtile und zärtliche Berührungen, die einem Tränen in die Augen treiben und selbst den Gedankenlosen eine besondere Ehrfurcht vor diesem gesegneten Jahrestag vermitteln.

In unserer Kindheit nahm uns mein Vater jeden 24. Dezember mit in ein Spielzeuggeschäft in Holborn, wo wir unsere Weihnachtsgeschenke aussuchen durften und auch alles, was wir unseren kleinen Gefährten schenken wollten. Obwohl wir, glaube ich, oft eine Stunde oder länger im Geschäft verbrachten, bevor unsere verschiedenen Vorlieben befriedigt waren, zeigte er nie die geringste Ungeduld, war immer interessiert und ebenso begierig wie wir, dass wir genau das auswählten, was uns am besten gefiel. Als wir älter wurden, beschränkte sich das Schenken auf unsere verschiedenen Geburtstage, und dieser jährliche Besuch im Spielzeuggeschäft in Holborn hörte auf.

Als wir noch Babys waren, beschloss mein Vater, dass wir Tanzen lernen sollten, und so erhielten wir schon in Genua unsere ersten Stunden. „Unser ältester Sohn und seine Schwestern werden nächste Woche von einem Lehrer der edlen Tanzkunst betreut", schrieb er damals an einen Freund. Und in einem weiteren Brief an meine Mutter schrieb er: „Ich hoffe, die Tanzstunden werden ein Erfolg. Versäumen Sie nicht, es mir mitzuteilen."

Unsere Fortschritte in dieser anmutigen Kunst erfreuten ihn, und seine Bewunderung für unseren Erfolg war offensichtlich, als wir ihm alle Schritte, Übungen und Tänze vorführten, die unseren Unterricht bildeten, da wir sie perfektioniert hatten. Er ermutigte uns immer zum Tanzen und lobte unsere Anmut und Geschicklichkeit, obwohl er an manchen Stellen ziemlich streng dafür kritisierte, dass er seinen Kindern erlaubte, so viel Zeit und Energie auf das Training ihrer Füße zu verwenden.

Wenn „die Jungs" zu den Feiertagen nach Hause kamen, gab es ständig Proben für die Weihnachts- und Neujahrsfeiern, und insbesondere für den Tanz am Dreikönigstag, dem Geburtstag meines Bruders Charlie. Kurz vor einer dieser Feiern bestand mein Vater darauf, dass meine Schwester Katie und ich Mr. Leech und ihm den Polkaschritt beibringen sollten. Mein Vater war so ernsthaft daran interessiert, diesen wunderbaren Schritt richtig zu lernen, als ob es nichts Wichtigeres auf der Welt gäbe. Oft übte er ernsthaft in einer Ecke, ohne Partner oder Musik, und ich erinnere mich, wie er in einer kalten Winternacht mit der Angst aufwachte, er hätte den Schritt vergessen, der ihm so sehr im Gedächtnis haften blieb, dass er im spärlichen Licht des altmodischen Binsenlichts aus dem Bett sprang und zu seinem eigenen Pfeifen fleißig „eins, zwei, drei, eins, zwei, drei" probte, bis er ihn wieder beherrschte.

Niemand kann sich unsere Aufregung und Nervosität vorstellen, als der Abend kam, an dem wir mit unseren Schülern tanzen sollten. Katie, ein sehr kleines Mädchen, sollte den über 1,80 Meter großen Mr. Leech als Partner haben, während mein Vater mein Partner sein sollte. Mein Herz schlug so schnell, dass ich kaum atmen konnte, so große Angst hatte ich um den Erfolg unserer Vorführung. Aber meine Ängste waren unbegründet, und am Ende unseres Tanzes wurden wir mit herzlichem Applaus begrüßt, was eine mehr als ausreichende Entschädigung für die Mühe war, die wir in das Erlernen des Tanzes gesteckt hatten.

Mein Vater war sicherlich nicht das, was man im üblichen Sinne des Wortes als „guten Tänzer" bezeichnen würde. Ich bezweifle, dass er jemals außer dem, den meine Schwester und ich ihm beibrachten, irgendeinen Unterricht in „der edlen Kunst" erhalten hatte. In späteren Jahren erinnere ich mich, dass ich versuchte, ihm den Schottischen beizubringen, einen Tanz, den er besonders bewunderte und lernen wollte. Aber obwohl er so gern tanzte, kann ich mich nicht erinnern, ihn jemals selbst tanzen gesehen zu haben, außer bei Familientreffen in seinem eigenen Haus oder bei seinen engsten Freunden, und ich bezweifle, dass er selbst als junger Mann jemals auf Bälle ging. Sein Tanzen, so wie er war, war ihm mit seinen anmutigen Bewegungen ganz natürlich. Tanzmusik entzückte seinen fröhlichen, freundlichen Geist; der Takt und die Schritte eines Tanzes passten, wenn ich das so sagen darf, zu seiner ordentlichen Natur. Die Bewegung und die Übungen schienen Teil seiner überschäumenden Vitalität zu sein.

Während ich über die Vorliebe meines Vaters fürs Tanzen schreibe, fällt mir eine typische Anekdote über ihn ein. Während er meiner Mutter den Hof machte, besuchte er sie eines Sommerabends. Die Hogarths lebten etwas außerhalb von London in einem Haus, dessen Salon mit französischen Fenstern auf einen Rasen hinausging. In diesem Zimmer saßen meine Mutter und ihre Familie an diesem Abend nach dem Abendessen ruhig, als plötzlich ein junger Matrose durch eines der offenen Fenster ins Zimmer sprang, einen Hornpipe pfiff und tanzte und, bevor sie sich von ihrem Erstaunen erholen konnten, wieder hinaussprang. Ein paar Minuten später kam mein Vater so gesetzt, als sei er völlig ahnungslos, durch die Tür und schüttelte jedem die Hand. Doch der Anblick ihrer erstaunten Gesichter war zu viel für seinen Versuch, nüchtern zu bleiben, und sein herzliches Lachen war das Signal für den Rest der Gesellschaft, sich seiner Fröhlichkeit anzuschließen. Aber angesichts seiner geringen Fähigkeiten in späteren Jahren glaube ich, dass er viele Unterrichtsstunden genommen haben muss, um seine Perfektion im Hornpipe zu erreichen.

Sein Tanzstil war, glaube ich, am besten bei „Sir Roger de Coverly" – und bei den sogenannten Country-Tänzen. Bei ersterem bestand mein Vater darauf, dass die Seiten eine Art Jig-Schritt machten, während die Paare am Ende tanzten und die Paare an den Seiten still sein sollten, und klatschte in die Hände, um den Spaß zu steigern. Er tanzte hinter denen, deren Begeisterung er für geweckt halten wollte, und war selbst keinen Augenblick still, bis der Tanz vorbei war. Er mochte einen Country-Tanz sehr gern, den er im Haus einiger lieber Freunde in Rockingham Castle lernte. Er begann mit einem recht stattlichen Menuett zur Melodie von „God save the Queen" und ging dann plötzlich in „Down the Middle and up Again" über. Ich erinnere mich, dass seine Begeisterung für diesen Tanz so groß war, dass ich mich eines Abends nach einigen unserer Theateraufführungen im Tavistock House, als ich völlig erschöpft war, von seiner Fröhlichkeit anstecken ließ, nachdem er mich als seine Partnerin ausgewählt hatte, und meine Müdigkeit verschwand. Wie er selbst sagt, als er die Weihnachtsfeier des guten alten „Fezziwig" beschreibt, waren wir „Leute, die tanzen wollten und nichts vom Gehen hatten". Er genoss all unsere Scherze ebenso sehr, und er schrieb an einen amerikanischen Freund *über* eine unserer Weihnachtsfeiern: „Forster ist wieder draußen; und wenn er nach der Art, wie wir Weihnachten gefeiert haben, nicht wieder hineingeht, muss er wirklich sehr stark sein. Solche Abendessen, solche Zaubereien, solche Blindenpolizierungen, solche Theaterbesuche, solche Küsse aus alten Jahren und Küsse in neue Jahre hat es in diesen Gegenden noch nie gegeben. Den Chuzzlewit am Laufen zu halten und dieses kleine Buch, das Weihnachtslied, in den ungeraden Zeiten zwischen zwei Teilen davon zu schreiben, war, wie Sie sich vorstellen können, eine ziemlich anstrengende Arbeit. Aber als es vorbei war, bin ich ausgerastet wie ein Verrückter, und wenn Sie mich neulich auf einer Kinderparty bei Macready's gesehen hätten, wo ich mit Mrs. M. einen Country-Tanz aufgeführt habe, hätten Sie geglaubt, ich sei ein Landedelmann mit eigenem Besitz, der auf einem Bauernhof in Spitzenqualität lebt, dem jeden Tag der Wind direkt ins Gesicht bläst."

Bei unseren Feiertags-Spaßspielen zauberte er manchmal für uns, wobei die ebenso „edle Kunst" des Taschenspielers zu seinen Fähigkeiten gehörte. Er schrieb einem anderen amerikanischen Freund darüber, das er in die Liste unserer Vergnügungen am Dreikönigstag aufnahm: „Der Aktuar der Staatsverschuldung könnte die Zahl der Kinder nicht berechnen, die am Dreikönigstag hierher kommen, zu Ehren von Charlies Geburtstag, für den ich eine Laterna magica und diverse andere gewaltige Maschinen dieser Art bereitgestellt habe. Aber das Beste daran ist, dass Forster und ich gemeinsam das gesamte Inventar eines Zauberers gekauft haben, dessen Ausübung und Vorführung mir anvertraut ist. Und wenn Sie sehen könnten, wie ich die Uhren der Firma in unmögliche Teedosen zaubere und Geldstücke fliegen lasse, Taschentücher verbrenne, ohne sie zu verbrennen, und in meinem eigenen Zimmer übe, ohne jemanden zu bewundern, würden Sie das Ihr Leben lang nicht vergessen."

Einer dieser Zaubertricks bestand aus dem Verschwinden und Wiederauftauchen einer kleinen Puppe, die den verschiedenen Kindern im Publikum die unerwartetsten Neuigkeiten und Botschaften verkündete. Diese Puppe war ein besonderer Liebling und ihre Ankunft wurde mit Spannung erwartet und begrüßt.

Dass er Weihnachten auf jede erdenkliche Weise hervorheben wollte, beweist der folgende Auszug aus einer Notiz, die er mir im Dezember 1868 schickte. Nachdem er von einer Lesung gesprochen hatte, die er am Weihnachtsabend halten sollte, sagte er: „Mir fällt ein, dass mein Tisch in der St. James' Hall am nächsten Dienstag passenderweise mit einer kleinen Stechpalme geschmückt werden könnte. Wenn man zum Beispiel die beiden Vorderbeine damit umschlingt und eine Borte davon um die Oberseite der Franse vorne herumlaufen lässt, mit einem kleinen Zweig als Blumenstrauß an jeder Ecke, würde das ein weihnachtliches Aussehen ergeben. Wenn Sie daran denken und die Materialien in einem kleinen Korb bereitlegen, werde ich Sie im Büro abholen und Sie in die Halle bringen, wo der Tisch für Sie bereitstehen wird."

Aber ich glaube, unsere Weihnachts- und Neujahrsfeste in „Gad's Hill" waren die schönsten von allen. Unser Haus war immer voller Gäste, während ein Häuschen im Dorf für die Junggesellen unserer Weihnachtsfeier reserviert war. Mein Vater selbst verließ die Arbeit immer für eine Woche, und das war fast unser größtes Vergnügen. Er war der Spaß und das Leben dieser Zusammenkünfte, der wahre Weihnachtsgeist der Süße und Gastfreundschaft erfüllte sein großes und großzügiges Herz. Lange Spaziergänge mit ihm waren tägliche Freuden, an die man sich gerne erinnerte. Spiele verbrachten unsere Abende fröhlich. „Sprichwörter", ein Gedächtnisspiel, war sehr beliebt, und es war eines, bei dem entweder meine Tante oder ich als Sieger hervorgingen. Vaters Ärger über unser Versagen war manchmal sehr amüsant, aber durchaus echt. „Dumb Crambo" war ein weiteres Lieblingsspiel, bei dem sich die große Nachahmungsgabe meines Vaters wunderbar zeigte. Ich erinnere mich, wie seine dumme Vorführung des Wortes „Frosch" eines Abends so unglaublich lächerlich war, dass die Erinnerung daran Marcus Stone, den klugen Künstler, erschütterte, als er einige Zeit später versuchte, es nachzuahmen.

An einem sehr strengen Weihnachtsfest, als der Schnee so hoch lag, dass unsere Gäste sich nicht im Freien vergnügen oder unterhalten konnten, schlug mein Vater vor, dass er und die Bewohner des „Junggesellenhäuschens" sich die Zeit damit vertreiben sollten, das französische Chalet auszupacken, das ihm von Mr. Fetcher geschickt worden war und das in einer großen Anzahl von Kisten Higham Station erreichte. Diese auszupacken und die Einzelteile zusammenzusetzen war für sie eine interessante Beschäftigung und bot Gesprächsstoff für unsere Mittagsgesellschaft.

Unsere Weihnachtsessen in „Gad's Hill" waren besonders fröhlich und heiter, und einige unserer nächsten Nachbarn nahmen an unserer Hausparty teil. Der Weihnachts-Plumpudding hatte seine eigene spezielle Schüssel aus farbigem „Repoussé"-Porzellan, verziert mit Stechpalmen. Der Pudding wurde mit einem Zweig echter Stechpalme in der Mitte darauf gestellt, angezündet und in diesem Zustand vor meinen Vater gestellt, wobei seine Ankunft immer das Signal für Applaus war. Ein hübsch dekorierter Tisch war sein besonderes Vergnügen, und seit meiner frühesten Kindheit fiel die Sorge dafür auf mich. Wenn ich alles fertig hatte, kam er mit mir, um das Ergebnis meiner Arbeit zu begutachten, bevor er sich für das Abendessen anzog, und ich hörte nie ein anderes Wort als Lob.

Er war ein wunderbar sauberer und schneller Schnitzer, und ich bin froh, sagen zu können, dass er mir einige seiner Fertigkeiten darin beigebracht hat. Ich half ihm bei unseren Hauspartys in „Gad's Hill", indem ich an einem Beistelltisch schnitzte und sofort nach Beendigung meiner Arbeit zu meinem Platz ihm gegenüber zurückkehrte. Am Weihnachtstag hatten wir alle unsere Gläser gefüllt, und dann hob mein Vater seins und sagte: „Auf uns alle. Gott segne uns!", ein Toast, der schnell und bereitwillig getrunken wurde. Seine Unterhaltung war, wie man sich vorstellen kann, oft äußerst humorvoll, und ich habe gesehen, wie sich die Diener, die am Tisch warteten, oft vor Lachen über seine drolligen Bemerkungen und Geschichten schüttelten. Wenn ich mich jetzt an diese Zusammenkünfte erinnere, verschwimmt meine Sicht durch die Tränen, die mir in die Augen steigen. Aber ich erinnere mich gern an sie und sehe, wenn auch nur in der Erinnerung, meinen Vater an seinem eigenen Tisch, umgeben von seiner eigenen Familie und seinen Freunden – eine wunderschöne Weihnachtsstimmung.

„Manchmal ist es schön, ein Kind zu sein, und nie ist es besser als zu Weihnachten, als der mächtige Gründer des Weihnachtsfestes selbst ein Kind war", lautete sein eigener Rat, und er befolgte ihn sowohl dem Wortlaut als auch dem Geist nach.

Eines Morgens – es war der letzte Tag des Jahres, wie ich mich erinnere –, als wir in „Gad's Hill" frühstückten, schlug mein Vater vor, den Abend mit einer Scharade zu feiern, die als Pantomime aufgeführt werden sollte. Der Vorschlag wurde mit Beifall aufgenommen, und unter Geschrei und Gelächter wurden uns, Gästen und Familienmitgliedern, unsere jeweiligen Rollen zugewiesen. Mein Vater ging los, um „Bühnenrequisiten" einzusammeln, Proben wurden im Laufe des Morgens mindestens viermal „einberufen", und in all unserer Aufregung verschwendeten wir keinen Gedanken an den notwendigen Teil einer Scharade, das Publikum, dessen Aufgabe es ist, die Pantomime zu erraten. Beim Mittagessen fragte plötzlich jemand: „Aber was ist mit einem Publikum?" „Aber, du meine Güte", sagte mein Vater, „das hatte ich völlig vergessen." Schnell wurden Einladungen an unsere Nachbarn verschickt und weitere Vorbereitungen für das Abendessen getroffen. Zur rechten Zeit kam das Publikum und die Scharade wurde so erfolgreich aufgeführt, dass mir dieser Abend als einer der lustigsten und glücklichsten der vielen lustigen und glücklichen Abende in unserem lieben alten Zuhause in Erinnerung bleibt. Mein Vater war in seiner Rolle so unglaublich komisch, dass es uns anderen fast unmöglich war, uns ausreichend unter Kontrolle zu halten, um die Scharade wie geplant ablaufen zu lassen. Sie endete mit einem Country-Tanz, der an diesem Morgen erfunden und im Laufe des Tages ein Dutzend Mal geübt worden war und der kurz vor Mitternacht endete. Dann führte mein Vater uns alle, die Figuren und das Publikum, in die weite Halle, öffnete die Tür weit und wartete mit der Uhr in der Hand darauf, die Glocken das neue Jahr einläuten zu hören. Nach dem Gelächter und der Fröhlichkeit war alles still und still! Plötzlich ertönte das Läuten der Glocken und er drehte sich um und sagte: „Ein frohes neues Jahr für uns alle! Gott segne uns." Küsse, gute Wünsche und Händeschütteln brachten uns wieder zurück in den Spaß und die Fröhlichkeit von vor wenigen Augenblicken. Das Abendessen wurde serviert, mit heißem Glühwein angestoßen und mit dem verrücktesten und wildesten Lied von „Sir Roger de Coverlys" endete unser Abend und unser neues Jahr begann.

An einem Neujahrstag organisierte mein Vater auf einer Wiese hinter unserem Haus einige Feldsportarten. „ Morgen finden auf meinem Feld Wettläufe für die Dorfbewohner statt", schrieb er an einen Freund, „und wir haben den ganzen Tag hart gearbeitet, eine Strecke angelegt, unzählige

Flaggen gebastelt und ich weiß nicht, was noch alles. Layard (der verstorbene Sir Henry Layard) ist Oberkommissar der einheimischen Polizei. Die Landpolizei erwartet einen riesigen Andrang.“

Bei diesen Sportveranstaltungen waren zwischen zwei- und dreitausend Menschen anwesend, und durch eine Art magischen Einfluss schien mein Vater jedes anwesende Wesen dazu zu bewegen, sein Bestes zu tun, um die Ordnung aufrechtzuerhalten. Die Wahrscheinlichkeit, dass etwas schiefgehen könnte, war vorhersehbar, und trotz der allgemeinen Voreingenommenheit der Nachbarn gegen das Unternehmen wurde der Glaube und das Vertrauen meines Vaters in seine Gäste nicht enttäuscht. Aber Sie werden seinen eigenen Bericht über seinen Erfolg hören. „Wir hatten einen sehr schönen Kurs angelegt“, schrieb er, „und uns große Mühe gegeben. Ermutigt durch die Erfahrungen der Cricket-Spiele erlaubte ich dem Wirt des Falstaff, eine Trinkbude auf dem Boden aufzustellen. Um nicht den Anschein zu erwecken, als würde ich diktieren oder misstrauen, gab ich alle Preise in Geld aus. Die große Masse der Menge bestand aus Arbeitern aller Art, Soldaten, Matrosen und Bauarbeitern. Zwischen halb elf, als wir begannen, und Sonnenuntergang verlagerten sie kein Seil oder keinen Pfahl und hinterließen jede Absperrung und Flagge so ordentlich, wie sie sie vorgefunden hatten. Es gab keinen Streit und es gab keinerlei Trunkenheit. Ich hielt ihnen am Ende der Spiele eine kleine Rede vom Rasen aus und sagte, dass wir es, so Gott will, im nächsten Jahr wieder tun würden. Sie jubelten laut und gingen auseinander. Die Straße zwischen hier und Chatham war den ganzen Tag wie ein Jahrmarkt; und es ist sicher eine feine Sache, solch perfektes Verhalten von einer rücksichtslosen Hafenstadt zu bekommen.“ Er war der Letzte, der erkannte, dass es sicher seine eigene mitfühlende Natur war, die ihm die Liebe und Ehre aller Klassen einbrachte und dazu beitrug, dass die Sportveranstaltungen des Tages ein so großer Erfolg wurden!

Mein Vater war wieder in seinem Element bei den Dreikönigsfesten, die ich bereits erwähnt habe. Viele Jahre hintereinander hatte Miss Coutts, jetzt Baroness Burdett Coutts, die Angewohnheit, meinem Bruder zu seinem Geburtstag den prächtigsten Dreikönigskuchen mit einer Schachtel Bonbons und Dreikönigsfiguren zu schicken. Der Kuchen wurde angeschnitten und die Geschenke und Bonbons beim Geburtstagsessen verteilt, und dann war die freundliche, freundliche Natur meines Vaters voller Fröhlichkeit. Er hatte jedem etwas Witziges zu sagen, und unter seiner Aufmerksamkeit wurde selbst das schüchternste Kind fröhlich und munter. Niemand wurde von ihm übersehen oder vergessen; wie die jungen Cratchits war er „allgegenwärtig“. Auf das Abendessen folgten Lieder und Rezitationen der verschiedenen Mitglieder der Gesellschaft, wobei mein Vater immer als Zeremonienmeister fungierte und erst ein Kind, dann ein anderes aufforderte, seinen oder ihren

Beitrag zum Fest zu leisten. Ich kann jetzt die besorgten Gesichter sehen, die sich den strahlenden, lachenden Augen ihres Gastgebers zuwandten. Wie aufmerksam er zuhörte, mit leicht nach hinten und ein wenig zur Seite geneigtem Kopf, ein glückliches Lächeln auf den Lippen. O, diese fröhlichen, glücklichen Zeiten, die weder seine eigenen Kinder noch ihre Gäste jemals vergessen werden. Diese fröhlichen, glücklichen Zeiten!

Und wenn ich so über diese lieben alten Feiertage schreibe, als wir alle so glücklich zu Hause waren und mein Vater bei uns war, möchte ich noch diesen kleinen Nachtrag hinzufügen und Sie zu Weihnachten 1896 mit den eigenen Worten meines Vaters begrüßen: „Denken Sie an Ihre gegenwärtigen Segnungen – von denen jeder Mensch viele hat – und nicht an Ihr vergangenes Unglück, von dem jeder Mensch einiges hat. Füllen Sie Ihr Glas wieder mit einem fröhlichen Gesicht und einem zufriedenen Herzen. Unser Leben hängt davon ab, aber Ihr Weihnachten soll fröhlich und Ihr neues Jahr glücklich sein.

„So möge das neue Jahr für Sie ein glückliches Jahr sein, glücklich für viele andere, deren Glück von Ihnen abhängt! So möge jedes Jahr glücklicher sein als das letzte, und möge nicht der geringste unserer Brüder oder Schwestern von seinem rechtmäßigen Anteil an dem ausgeschlossen bleiben, wozu unser großer Schöpfer sie geschaffen hat."

KAPITEL III.

Bei der Arbeit war mein Vater fast immer allein, sodass wir, mit seltenen Ausnahmen, nur wenig über seine Arbeitsweise wussten, außer wenn wir die Wirkung der Abenteuer seiner Charaktere auf seine täglichen Launen beobachten konnten. Absolute Ruhe war unter diesen Umständen unerlässlich, das kleinste Geräusch machte eine Unterbrechung für den Erfolg seiner Arbeit fatal, obwohl ihm seltsamerweise in seinen Freizeitstunden die Hektik und der Lärm einer Großstadt notwendig erschienen. Er schreibt, nachdem er zwei Jahre lang an einem ruhigen Ort zur Untätigkeit gezwungen war: „Die Schwierigkeit, in dem, was ich ein schnelles Tempo nenne, voranzukommen, ist ungeheuer; in der Tat ist es fast unmöglich. Ich nehme an, das ist teilweise die Wirkung von zwei Jahren der Ruhe und teilweise das Fehlen von Straßen und vielen Figuren. Ich kann nicht ausdrücken, wie sehr ich diese brauche. Es scheint, als ob sie meinem Gehirn etwas gegeben hätten, das es nicht verlieren kann, wenn es beschäftigt ist. Eine Woche oder vierzehn Tage lang kann ich an einem abgeschiedenen Ort ungeheuer viel schreiben, ein Tag in London bereitet mich vor und bringt mich wieder in Schwung. Aber die Mühe und Arbeit, Tag für Tag ohne diese magische Laterne zu schreiben, ist immens!"

Wie ich bereits sagte, war er bei der Arbeit normalerweise allein, obwohl es natürlich gelegentlich Ausnahmen gab, und ich selbst war eine solche Ausnahme. Während unseres Lebens in Tavistock House hatte ich eine lange und schwere Krankheit mit einer fast ebenso langen Genesungszeit. Während dieser schlug mein Vater vor, mich jeden Tag in sein Arbeitszimmer zu tragen, um bei ihm zu bleiben, und obwohl ich Angst hatte, ihn zu stören, versicherte er mir, dass er mich gerne bei sich haben wolle. An einem dieser Morgen lag ich auf dem Sofa und versuchte, vollkommen ruhig zu bleiben, während mein Vater eifrig und schnell an seinem Schreibtisch schrieb, als er plötzlich von seinem Stuhl aufsprang und zu einem Spiegel eilte, der in der Nähe hing und in dem ich die Spiegelung einiger außergewöhnlicher Gesichtsverzerrungen sehen konnte, die er machte. Er kehrte schnell zu seinem Schreibtisch zurück, schrieb einige Augenblicke wie wild und ging dann wieder zum Spiegel. Die Gesichtspantomime wurde wieder aufgenommen, und dann wandte er sich mir zu, sah mich aber offensichtlich nicht und begann schnell und leise zu sprechen. Er hörte jedoch bald damit auf und kehrte wieder zu seinem

Schreibtisch zurück, wo er bis zum Mittagessen schweigend schrieb. Es war für mich eine höchst merkwürdige Erfahrung, deren Bedeutung ich erst Jahre später richtig begriff. Da wusste ich, dass er sich mit seiner natürlichen Intensität ganz in die Figur vertieft hatte, die er schuf, und dass er für den Moment nicht nur seine Umgebung aus den Augen verloren hatte, sondern tatsächlich in Aktion, wie in seiner Vorstellung, zum Geschöpf seiner Feder geworden war.

Seine „Arbeitszimmer" waren immer heitere, angenehme Räume und, wie er selbst, immer die Verkörperung von Sauberkeit und Ordnung. Auf dem Regal seines Schreibtischs standen viele zierliche und nützliche Ziergegenstände, Geschenke von Freunden oder Familienmitgliedern und immer eine Vase mit leuchtenden, frischen Blumen. Das erste Arbeitszimmer, an das ich mich erinnere, ist das in unserem Haus in Devonshire Terrace, ein hübscher Raum mit Stufen, die direkt in den Garten führten, und einer zusätzlichen Filztür, die alle Geräusche und Lärm abhielt. Das Arbeitszimmer in Tavistock House war aufwendiger gestaltet; ein schöner großer Raum, der durch Schiebetüren zum Salon führte. Als die Räume zusammengelegt wurden, boten sie meinem Vater eine ziemlich lange Promenade für die ständigen Spaziergänge im Haus, die für ihn nach einem anstrengenden Schreibtag eine beliebte Freizeitbeschäftigung waren.

In „Gad's Hill" richtete er sich zunächst in einem der großen Gästezimmer des Hauses ein Arbeitszimmer ein, da die Fenster dort eine schöne und von ihm geliebte Aussicht boten. Sein Schreibtisch stand immer neben einem Fenster mit Blick auf die offene Welt, die er so sehr liebte. Danach bewohnte er jahrelang ein kleineres Zimmer mit Blick auf den Hintergarten und eine hübsche Wiese, das er schließlich in ein Miniatur-Billardzimmer umwandelte und sich schließlich in dem Zimmer auf der rechten Seite der Eingangshalle mit Blick auf den Vorgarten niederließ. Es ist dieses Zimmer, das Mr. Luke Fildes, der große Künstler und unser geschätzter Freund, mit seinem Bild „Der leere Stuhl" berühmt machte, das er nach dem Tod meines Vaters für „The Graphic" skizzierte. Der Schreibtisch, die Ornamente, der riesige Papierkorb, den „der Meister" für seinen eigenen Gebrauch anfertigen ließ, sind alle da, und, ach, der leere Stuhl!

Dass er es immer ernst meinte, dass er mit seinen Geschöpfen lebte, dass ihre Freuden und Leiden seine Freuden und Leiden waren, dass seine Qualen, sowohl des Körpers als auch des Geistes, manchmal ergreifend und herzzerreißend waren, weiß ich. Sein Interesse an und seine Liebe zu seinen Charakteren waren so intensiv wie seine Natur und zeigen sich nirgends stärker als in seinen Leiden während seiner Darstellung des kurzen Lebens von „Little Nell". Wie ein Vater trauerte er um sein kleines Mädchen – das Kind seines Geistes – und er schreibt: „Ich bin im Moment fast tot vor Arbeit und Trauer über den Verlust meines Kindes." Und er schreibt über sie: „Sie können sich nicht vorstellen (mit Ernst schreibe und spreche ich), wie erschöpft ich heute von der Arbeit von gestern bin. Ich ging gestern Abend völlig entmutigt und erschöpft ins Bett. Die ganze Nacht hat mich das Kind verfolgt; und heute Morgen bin ich unausgeruht und elend. Ich weiß nicht, was ich mit mir anfangen soll."

Seine Liebe und Fürsorge für das Kleine kommen am ergreifendsten in den Vorschlägen zum Ausdruck, die er Mr. George Cattermole für seine Illustrationen des „Alten Kuriositätenladens" gab. „Kit, der alleinstehende Herr, und Mr. Garland gehen zu dem Ort hinunter, wo das Kind ist, und kommen nachts dort an. Es hat geschneit. Kit lässt sie zurück, rennt zu dem alten Haus, und mit einer Laterne in der einen Hand und dem Vogel in seinem Käfig in der anderen bleibt er mit natürlichem Zögern einen Moment in einiger Entfernung stehen, bevor er hinaufgeht, um seine Anwesenheit bekannt zu machen. In einem Fenster – vermutlich dem des kleinen Zimmers des Kindes – brennt ein Licht, und in diesem Zimmer liegt das Kind (natürlich unbekannt für seine Besucher, die voller Hoffnung sind) tot."

Nochmals: „Das Kind liegt tot im kleinen Schlafzimmer hinter dem offenen Vorhang. Es ist Winter, also gibt es keine Blumen, aber auf ihrer Brust und ihrem Kissen liegen vielleicht Stechpalmenstreifen und Beeren und solche grünen Dinge. Ein Fenster, überwuchert mit Efeu. Der kleine Junge, der mit ihr über die Engel gesprochen hat, kann neben dem Bett sein, wenn Sie es so wollen; aber ich denke, es wird ruhiger und friedlicher sein, wenn sie ganz allein ist. Ich möchte, dass die Szene die schönste Ruhe und Stille ausdrückt und etwas von einem glücklichen Aussehen hat, wenn der Tod dies tun kann."

Ein anderer: „Das Kind wurde in der Kirche begraben, und der alte Mann, dem man nicht klarmachen kann, dass sie tot ist, begibt sich zum Grab und sitzt dort den ganzen Tag, während er auf ihre Ankunft wartet, um eine neue Reise anzutreten. Sein Stab und sein Rucksack, ihre kleine Haube und ihr Korb liegen neben ihm. ‚Sie wird morgen kommen', sagt er, als es dunkel wird, und geht dann traurig nach Hause. Ich denke, eine Sanduhr, die ausläuft, würde die Vorstellung aufrechterhalten; vielleicht ihre kleinen Dinge auf seinem Knie oder in seiner Hand. Diese Geschichte bricht mir das Herz und ich kann es nicht ertragen, sie zu Ende zu erzählen."

Als er den Erhalt eines Briefes zu diesem Buch von Mr. John Tomlin, einem Amerikaner, bestätigte, schrieb er: „Ich danke Ihnen herzlich und aus ganzem Herzen für Ihren Brief und für seine freundlichen und höflichen Worte. Der Gedanke, dass ich inmitten der weiten Einsamkeit, in der Sie leben, ein Mitgefühl und eine Sympathie mit den Geschöpfen vieler nachdenklicher Stunden geweckt habe, ist für mich die Quelle reinster

Freude und des reinsten Stolzes; und glauben Sie mir, dass Ihre Ausdrücke der liebevollen Erinnerung und Zustimmung, die aus den grünen Wäldern des Mississippi erklingen, tiefer in mein Herz eindringen und es mehr erfreuen als alle Ehrenauszeichnungen, die alle Höfe Europas verleihen könnten. Es sind solche Dinge, die einen hoffen lassen, dass man nicht vergeblich lebt, und die die höchste Belohnung im Leben eines Autors sind."

Sein Talent für die Charakterzeichnung muss nicht bewiesen werden – seine Charaktere leben, um für sich selbst und ihre Realität zu bürgen. Es erstaunt mich immer wieder, dass die Hand, die die mitleiderregenden und schönen Geschöpfe, die gut gelaunten Männer, die reizenden Frauen und die unglücklichen Kleinen zeichnete, auch die Schurkerei und Hinterlist von Charakteren wie Bumble, Bill Sykes, Pecksniff, Uriah Heep und Squeers mit solch wunderbarer Genauigkeit darstellen konnte. Zweifellos besaß er seit frühester Kindheit die schnelle Auffassungsgabe, den Instinkt, der in den Charakteren der Menschen ihre Neigungen zu Gut und Böse erkennen konnte, und sein ganzes Leben lang schätzte er diese Fähigkeit höher als literarisches Geschick und Vollkommenheit. In seiner Biografie betont Herr Forster dies, indem er von den auffälligen Charakterzügen an ihm spricht: „Was mir tatsächlich gleich zu Beginn seiner Karriere am meisten an ihm auffiel, war seine Gleichgültigkeit gegenüber jeglichem Lob seiner Leistungen aufgrund ihres bloß literarischen Wertes, im Gegensatz zu der höheren Anerkennung, die sie als Abschnitte des wirklichen Lebens erhielten, die ihrerseits Sinn und Zweck hatten und für die er Verantwortung trug, eher Realitäten als Geschöpfe der Fantasie zu sein."

Aber er freute sich immer über Lob und war immer bescheiden und dankbar, wenn er es erwiderte. „Wie kann ich Ihnen danken?", schreibt er an einen Freund, der seine Freude über „Oliver Twist" zum Ausdruck brachte. „Kann ich es besser machen, als zu sagen, dass das Gefühl für die Realität des armen Oliver, das Sie, wie ich weiß, von Anfang an hatten, für mich das höchste aller Lobesworte war? Nichts, was mir jemals zuteil wurde, habe ich auch nur halb so sehr empfunden wie diese Wertschätzung meiner Absicht und Bedeutung. Ihre Anmerkungen machen mich sehr dankbar, aber auch sehr stolz, also seien Sie vorsichtig."

Die Eindrücke, die später in Motive und Handlungsstränge für seine Geschichten umgewandelt wurden, nahm er oft in seiner frühesten Kindheit auf. Der Kreuzzug gegen die Yorkshire-Schulen, der in „Nicholas Nickleby" geführt wird, ist die Ausarbeitung einiger dieser kindlichen Eindrücke. Er selbst schreibt darüber: „Ich kann mich nicht erinnern, wie ich von den Yorkshire-Schulen hörte, als ich noch kein sehr kräftiges Kind war und in abgelegenen Orten in der Nähe von Rochester Castle saß und den Kopf voller Partridge, Strap, Tom Pipes und Sancho Panza hatte, aber ich weiß, dass ich meine ersten Eindrücke von den Schulen damals aufnahm." Wir können uns vorstellen, wie tief die Ungerechtigkeiten in das sensible Herz des Kindes eingedrungen sein müssen, wie sie dort viele Jahre lang wüteten und Früchte trugen, indem sie vom Land gegeißelt wurden und ihre Missbräuche angriffen. Während er an „Nicholas Nickleby" arbeitete, schickte er einen seiner charakteristischen Briefe als Antwort an einen kleinen Jungen – Master Hastings Hughes –, der ihn schrieb und bat, einige Änderungen an der Geschichte vorzunehmen. Da einige von Ihnen diesen Brief vielleicht nicht gelesen haben und er so überaus amüsant ist, werde ich einen Teil daraus zitieren:

„ DOUGHTY STREET , LONDON .
„12. Dezember 1838.

„Sehr geehrter Herr, ich habe Squeers einen Schnitt in den Hals und zwei in den Kopf versetzt, worüber er sehr überrascht wirkte und zu weinen begann. Da er ein feiges Verhalten an den Tag legt, hätte ich das genau von ihm erwartet – Sie nicht auch?

„Ich habe sorgfältig das getan, was Sie mir in Ihrem Brief über das Lamm und die beiden ‚Schafe' für die kleinen Jungen gesagt haben. Sie haben auch gutes Ale und Porter und etwas Wein bekommen. Es tut mir leid, dass Sie nicht gesagt haben, welchen Wein Sie ihnen geben möchten. Ich habe ihnen Sherry gegeben, den sie sehr mochten, außer einem Jungen, dem etwas übel war und der viel verschluckt hat. Er war ziemlich gierig, und das ist die Wahrheit, und ich glaube, es ging in die falsche Richtung, was ihm meiner Meinung nach recht geschah, und ich hoffe, Sie werden das auch sagen. Nick hat sein gebratenes Lamm bekommen, wie Sie es ihm gesagt haben, aber er konnte nicht alles essen, und er sagt, wenn Sie nichts dagegen hätten, würde er den Rest morgen gern mit etwas Grünzeug gehackt haben, das er sehr gern mag, und ich auch. Er sagte, er möge sein Porter nicht gerne heiß, weil er dachte, es verderbe den Geschmack, also ließ ich es ihn kalt trinken. Sie hätten sehen sollen, wie er es trank. Ich dachte, er würde nie aufhören, es zu trinken. Ich gab ihm auch drei Pfund in bar, alles in Sixpence, damit es mehr schien, und er sagte direkt, er solle mehr als die Hälfte seiner Mama und Schwester geben und den Rest mit dem armen Smike teilen. Und ich sage, er ist ein guter Kerl, weil er das sagt; und wenn jemand das Gegenteil behauptet, bin ich bereit, mit ihm zu kämpfen, wann immer er will – da!

»Fanny Squeers wird man sich annehmen, darauf können
Sie sich verlassen. Ihre Zeichnung sieht ihr sehr ähnlich, nur
dass das Haar meiner Meinung nach nicht lockig genug ist.
Die Nase sieht ihr besonders ähnlich, und die Beine auch.
Sie ist ein hässliches, unangenehmes Ding, und ich weiß,
dass sie sehr verärgert sein wird, wenn sie das sieht, und ich
hoffe, dass es so sein wird. Sie werden das Gleiche sagen,
das weiß ich – zumindest glaube ich das.«

Die Menge der Arbeit, die er erledigen konnte, schwankte zu bestimmten
Zeiten stark, obwohl sie insgesamt enorm war. Als er zum Literat wurde und
das unregelmäßige, unmethodische Leben des Reporters aufgab, verbrachte
er seine Vormittage ausnahmslos an seinem Schreibtisch. Die Zeit zwischen
Frühstück und Mittagessen, mit einer gelegentlichen Verlängerung um ein
paar Stunden bis in den Nachmittag hinein, widmete er seinen Schöpfungen.
Ausnahmen waren, wenn er Urlaub machte oder sich ausruhte, obwohl selbst
wenn er angeblich im letzteren beschäftigt war, das Aussetzen des
Geschichtenschreibens das Beantworten von Briefen und die stärkere
Aufmerksamkeit auf seine Geschäftsangelegenheiten bedeutete, so dass er in
seinem späteren Leben nur wenig wirkliche Ruhe fand.

Während seines Aufenthalts in Italien gab er in einem Brief an einen Freund
ein fragmentarisches Tagebuch seines täglichen Lebens, und der Tagesablauf
war dort ganz ähnlich wie zu Hause. „Ich bin regelmäßig in wilder Aufregung
wegen der Glockenspiele; stehe um sieben auf, nehme vor dem Frühstück
ein kaltes Bad und brenne wütend und glühend bis etwa drei Uhr, wenn ich
normalerweise Feierabend mache (es sei denn, es regnet). Ich bin wild
entschlossen, in einem Geist zu enden, der eine gewisse Affinität zu dem der
Wahrheit und Barmherzigkeit hat, und die Grausamen und Bösen zu
beschämen, aber es ist harte Arbeit.“ Sein völliges Unbehagen gegenüber
Geräuschunterbrechungen wird auch oben in seinem Hinweis auf die
Glockenspiele und die Wirkung, die sie auf ihn hatten, deutlich.

Trotz seiner regelmäßigen Arbeitszeiten, wie ich bereits sagte, schwankte die
Menge der Arbeit, die mein Vater leistete, sehr stark. Seine Manuskripte
wurden normalerweise auf weißen „Zetteln“ geschrieben, manchmal aber
auch auf blauem Papier, und es gab viele Morgen, an denen es ihm unmöglich
war, einen dieser Zettel auszufüllen. Einmal schrieb er: „Ich sitze zu Hause
und warte geduldig auf Oliver Twist, der noch nicht angekommen ist.“ Und
tatsächlich machte ihm „Oliver“ im Laufe seiner Abenteuer erhebliche
Schwierigkeiten, da er sich nicht leicht zu Papier bringen ließ. Diese
Langsamkeit beim Schreiben kennzeichnete die frühere Phase der
literarischen Karriere meines Vaters deutlicher, obwohl diese „leeren Tage“,
an denen sein Gehirn sich weigerte zu arbeiten, bis zum Ende gelegentlich
vorkamen. Er war sehr kritisch gegenüber seiner eigenen Arbeit und brachte

nur das Beste seines Gehirns in die Kunst ein, die er so sehr liebte – seine verehrte Geliebte. Andererseits war die Menge an Arbeit, die er zu anderen Zeiten leistete, fast unglaublich. Während eines langen Aufenthalts in Lausanne schrieb er: „Seit ich hier bin, war ich nicht untätig." Ich hatte eine ganze Menge für Lord John über die Ragged Schools zu schreiben; also machte ich mich an die Arbeit und tat das. Eine ganze Menge für Miss Coutts, in Bezug auf ihre karitativen Projekte; also machte ich mich an die Arbeit und tat das. Ich musste die Hälfte des Neuen Testaments für Kinder schreiben, oder so ziemlich das. Ich machte mich an die Arbeit und tat das. Als nächstes erledigte ich den größten Teil der Korrespondenz, die ich mir voreilig vorgenommen hatte, und dann – begann Dombey!"

Ich weiß nur von einer einzigen Gelegenheit, bei der er einen Sekretär beschäftigte, und meine Tante ist meine Autorität für Folgendes, was dieses eine Mal betrifft: „Das Buch, das Ihr Vater mir diktierte, war ‚Die Geschichte Englands für Kinder‘. Der Grund, warum ich als Sekretär eingesetzt wurde, war, dass ‚Bleak House‘ zur selben Zeit geschrieben wurde, und Ihr Vater diktierte mir, während er im Zimmer umherging, als Erleichterung nach seiner langen, sitzenden Gefangenschaft. Die Geschichte wurde für ‚Household Words‘ geschrieben, und ‚Bleak House‘ auch als Fortsetzungsroman, sodass er sowohl wöchentliche als auch monatliche Arbeit zur Hand hatte." Die Geschichte war gewidmet: „Meinen eigenen lieben Kindern, denen es hoffentlich helfen wird, nach und nach größere und bessere Bücher zum gleichen Thema mit Interesse zu lesen."

Mein Vater schrieb immer mit Feder und blauer Tinte und benutzte, glaube ich, nie einen Bleistift. Seine Handschrift galt vielen Leuten als äußerst schwer lesbar, aber ich fand sie nie so. In seinen Manuskripten gab es so viele Radierungen und so häufige Zwischenzeilen, dass er für seine Arbeit einen speziellen Setzerstab einsetzte, aber das lag nicht an der Unleserlichkeit seiner Handschrift. Die meisten dieser Manuskripte sind im South Kensington Museum in der „Forster Collection" ausgestellt, und sie alle zeigen, glaube ich, die äußerste Sorgfalt und Akribie des Schreibers und seinen stets beständigen Wunsch, seinen ursprünglichen Satz zu verbessern und zu vereinfachen. Seine Abneigung gegen die Verwendung eines Bleistifts war so groß, dass sogar seine persönlichen Notizen, wie seine Gästelisten für Dinnerpartys, die Tischordnung und Menüs, immer mit Tinte geschrieben wurden. Für seine persönliche Korrespondenz verwendete er blaues Briefpapier und unterschrieb seinen Namen in der linken Ecke des Umschlags. Nach einem Morgen harter Arbeit war er manchmal ziemlich beschäftigt, wenn er zum Mittagessen kam. Wenn wir nur unsere Hausgesellschaft in „Gad's Hill" waren, kam er oft herein, nahm mechanisch etwas zu essen – er aß nie mehr als ein kleines Mittagessen – und kehrte dann in sein Arbeitszimmer zurück, um die Arbeit zu beenden, die er liegen gelassen hatte, wobei er in dieser ganzen Zeit kaum ein Wort gesprochen hatte. Dann kam er wieder herein, nachdem er seine Arbeit beendet hatte, sah aber sehr müde und erschöpft aus. Unsere Gespräche schienen ihn in diesen Momenten nicht zu stören, obwohl jedes plötzliche Geräusch, wie das Fallenlassen eines Löffels oder das Klirren eines Glases, einen schmerzerfüllten Krampf über sein Gesicht schickte.

Die plötzliche, fast augenblickliche Popularität von „Pickwick" war der Welt bekannt, lange bevor es seinem eifrigen jungen Autor bewusst wurde. Alle Geschäftstransaktionen im Zusammenhang mit seiner Veröffentlichung waren bis zu einem gewissen Grad bescheiden, und die Vorbereitungen für einen solchen Erfolg waren null. Über seine Popularität schreibt Mr. Forster: „Richter vor Gericht und Jungen auf der Straße, Ernsthaftigkeit und Torheit, die Jungen und die Alten, diejenigen, die ins Leben eintraten, und diejenigen, die es verließen, fanden es gleichermaßen unwiderstehlich." Carlyle schrieb: „Ein Archidiakon erzählte mir neulich Abend mit seinen eigenen ehrwürdigen Lippen eine seltsame, profane Geschichte über einen ernsten Geistlichen, der gerufen worden war, um einem sehr kranken Mann Trost zu spenden. Als er den Raum verließ, hörte er den Kranken ausrufen: „Na, Gott sei Dank, Pickwick wird sowieso in zehn Tagen wieder draußen sein!" Kein junger Autor erlangte jemals plötzlicheren und brillanteren Ruhm als „Boz", und keiner hätte trotz seines Erfolgs so vollkommen unverdorben oder frei von Egoismus bleiben können. Seine eigene Meinung über seinen Ruhm und seine Einschätzung seines Wertes können hier zitiert werden: „Zu den Hausgöttern der entfernten Landsleute gezählt zu werden und mit ihren Häusern und stillen Vergnügungen verbunden zu sein; zu hören, dass in jedem Winkel der großen Masse der Welt ein Wohlgesinnter lebt, der im Geiste mit einem kommuniziert, ist wahrlich ein würdiger Ruhm. Dass ich das Glück haben kann, einige Ihrer Freizeitstunden noch lange zu erheitern und einen Platz in Ihren angenehmen Gedanken einzunehmen, ist der aufrichtige Wunsch von ‚Boz'."

Am Weihnachtsabend 1863 war mein Vater zutiefst schockiert und bestürzt, als er vom plötzlichen Tod von Mr. Thackeray hörte. Unsere Gäste waren natürlich voll von der traurigen Nachricht und alles war von einer düsteren Stimmung geprägt. Wir dachten alle an den Kummer seiner beiden Töchter, die ihm so ergeben waren und die sein plötzlicher Tod so trostlos zurücklassen würde. Im „The Cornhill Magazine" vom darauffolgenden Februar schrieb mein Vater: „Ich sah Mr. Thackeray zum ersten Mal vor fast 28 Jahren, als er vorschlug, der Illustrator meines ersten Buches zu werden. Ich sah ihn das letzte Mal kurz vor Weihnachten im Athenæum Club, als er mir erzählte, dass er drei Tage im Bett gelegen hatte und dass er vorhatte, ein neues Heilmittel auszuprobieren, das er lachend beschrieb. Er war fröhlich und sah sehr munter aus. In der Nacht dieser Woche starb er. * * * *

Niemand kann sich der Größe und Güte seines Herzens sicherer sein als ich. An keiner Stelle sollte ich es mir zu diesem Zeitpunkt anmaßen, über seine Bücher, seine verfeinerte Charakterkenntnis, seine subtile Kenntnis der Schwächen der menschlichen Natur, seine entzückende Verspieltheit als Essayist, seine kuriosen und berührenden Balladen und seine Beherrschung der englischen Sprache zu sprechen. Aber vor mir liegt alles, was er über seine letzte Geschichte geschrieben hat, und der Schmerz, den ich beim Lesen empfunden habe, war nicht tiefer als die Überzeugung, dass er sich im gesündesten Zustand seiner Kräfte befand, als er an diesem letzten Werk arbeitete. Die letzten Worte, die er im Druck korrigierte, waren „und mein Herz klopfte vor herrlicher Wonne". Gott gebe, dass an jenem Weihnachtsabend, als er seinen Kopf auf das Kissen zurücklegte und die Arme hochwarf, wie er es gewohnt war, wenn er sehr müde war, ein gewisses Bewusstsein seiner erfüllten Pflicht und der christlichen Hoffnung, die er sein Leben lang demütig gehegt hatte, sein eigenes Herz so klopfen ließ, als er zur Ruhe ging."

KAPITEL IV.

Als Kind konnte mein Vater aufgrund seiner extremen Zartheit und häufigen Krankheiten nicht aktiv an den Sportarten und Vergnügungen seiner jungen Kameraden teilnehmen, so dass er sich bis zu seinem Mannesalter seine Kenntnisse über Spiele nur dadurch aneignete, dass er stundenlang im Gras lag und anderen zusah. Mit dem Mannsein jedoch kam die Kraft und Aktivität, die es ihm ermöglichte, an allen Arten von Übungen und Sportarten im Freien teilzunehmen, und es schien, als ob er durch seine leidenschaftliche Freude und Teilnahme in jenen späteren Jahren für die mühsamen Jahre der Kindheit voller Leiden und Unfähigkeit entschädigt wurde. Wie ich bereits sagte, war der Sport auch als Mann eine Leidenschaft für ihn. 1839 mietete er ein Cottage in Petersham, nicht weit von London, „wo", um Mr. Forster zu zitieren, „das ausgedehnte Gartengelände viel sportlichen Wettkampf ermöglichte, bei dem Dickens sich größtenteils sogar gegen so versierte Athleten wie Maclise und Mr. Beard behaupten konnte. Barrenspringen, Bowling und Wurfringwerfen gehörten zu den Spielen, die mit größter Begeisterung betrieben wurden, und an anhaltender Energie ließ Dickens sicherlich jeden Konkurrenten hinter sich. Sogar die leichteren Freizeitbeschäftigungen wie Prügelei und Bagatelle wurden mit unermüdlicher Aktivität betrieben. Bei Vergnügungen wie den Petersham-Rennen, die damals ziemlich berühmt waren und die er täglich besuchte, solange sie dauerten, arbeitete er viel härter als die Rennpferde."

Reiten war für meinen Vater schon immer eine beliebte Freizeitbeschäftigung, und er lud ständig einen oder mehrere seiner Freunde ein, ihn auf diesen Ausflügen zu begleiten. In seiner Freizeit liebte er Gesellschaft, aber seine Ausritte und Spaziergänge schienen ihm nicht vollständig zu sein, wenn er sie allein unternahm. Einmal schrieb er: „Was halten Sie von einem fünfzehn Meilen langen Ausritt hin und zurück, einem Mittagessen unterwegs und einem abschließenden Abendessen um sechs Uhr in der Doughty Street?" Und weiter: „Da ich nicht wusste, ob mein Kopf nicht richtig oder richtig war, war er so durcheinander von der Arbeit, dass ich über die alte Straße geritten bin und mich wirklich freuen würde, Sie zu treffen oder von Ihnen überholt zu werden." Als junger Mann war er ein äußerst reitender Mensch, aber da ich mich nicht erinnern kann, ihn jemals auf einem Pferd gesehen zu haben, denke ich, dass er sich diesen Zeitvertreib bald nach seiner Heirat genommen haben muss.

Aber das Wandern war vielleicht sein größtes Vergnügen, und er war ein aufmerksamer Beobachter der Schönheiten und Sehenswürdigkeiten der Landstraßen und Stadtstraßen gleichermaßen. Er war ein schneller Wanderer, sein übliches Tempo betrug vier Meilen pro Stunde, und um mit ihm Schritt zu halten, brauchte er Energie und Aktivität, die denen seiner eigenen ähnelten. In vielen seiner Briefe spricht er mit offensichtlicher Freude an diesem Zeitvertreib. In einem schreibt er: „Was für ein herrlicher Morgen für einen Spaziergang auf dem Land! Ich beginne pünktlich – pünktlich, wohlgemerkt – um halb zwei. Komm, komm, komm und gehe auf den grünen Wegen spazieren!" Und weiter: „Du bist doch nicht etwa in der Stimmung, dich einzumummeln und mit mir zu einem schönen, flotten Spaziergang über Hampstead Heath aufzubrechen, oder?"

Einfachere Outdoor-Spiele machten ihm Spaß. Im Garten von Devonshire Terrace wurde ständig Federball und Federball gespielt, obwohl ich mich nicht daran erinnern kann, dass mein Vater es jemals woanders gespielt hat. Das amerikanische Bowls-Spiel gefiel ihm, und Rounders war für ihn mehr als ein Experte. Krocket mochte er nicht, aber Cricket genoss er als Zuschauer sehr und notierte bei den Spielen in „Gad's Hill" immer einen der Punktestände.

Er war ein überzeugter Anhänger der Hygiene beim Baden und nahm am häufigsten kalte Bäder, Meeresbäder und Duschen. Damals war die wissenschaftliche Waschung noch nicht sehr verbreitet und ich bin sicher, dass mein Vater auf seinen Reisen vielerorts als liebenswürdiger Verrückter mit einer Vorliebe fürs Waschen angesehen wurde.

Während seines ersten Besuchs in Amerika, als er eine Reise in einem ziemlich rauhen und unbequemen Kanalboot machte, schrieb er: „Ich werde morgens als sehr mutig angesehen, denn ich renne nackten Halses an und tauche meinen Kopf um halb sechs Uhr in das halbgefrorene Wasser. Ich werde für meine Aktivität respektiert, insofern ich vom Boot auf den Treidelpfad springe und vor dem Frühstück fünf oder sechs Meilen laufe, wobei ich die ganze Zeit mit den Pferden Schritt halte." Und aus Broadstairs: „In einem Erkerfenster sitzt von neun bis eins ein Herr mit ziemlich langen Haaren und ohne Halstuch, der schreibt und grinst, als fände er sich wirklich sehr lustig. Um eins verschwindet er, steigt gleich darauf aus einer Bademaschine und man kann eine Art lachsfarbenen Tümmler sehen, der im Meer herumplantscht. Danach kann man ihn in einem anderen Erkerfenster im Erdgeschoss sehen, wie er ein gutes Mittagessen isst; und danach geht er etwa ein Dutzend Meilen oder so oder liegt auf dem Rücken im Sand und liest. Niemand belästigt ihn, es sei denn, man weiß, dass er Lust hat, sich anzusprechen. Und mir wurde gesagt, dass er sich wirklich sehr wohl fühlt."

Während der heißesten Sommermonate unseres einjährigen Aufenthalts in Italien wohnten wir in einem kleinen Seehafen am Mittelmeer namens Albaro. Das Baden hier war von der primitivsten Art, ein Teil der klaren, dunkelblauen Becken zwischen den Felsen war den Frauen vorbehalten, der andere den Männern, und da wir Kinder uns im Wasser genauso wohl fühlten wie jede bekannte Fischart, schauten wir mit Staunen auf das sogenannte Baden der italienischen Frauen. Sie kamen in Scharen, wunderschön gekleidet und mit höchst kunstvoll frisierten Haaren, aber die geringste Nässe war für sie gleichbedeutend mit einem Bad. In der offenen Bucht von Albaro war die Strömung sehr stark und das Baden selbst für einen erfahrenen Schwimmer äußerst gefährlich. Ich erinnere mich noch an den schrecklichen Schrecken, den uns eines Morgens ein Onkel von uns einjagte; er schwamm in die Bucht hinaus, wurde von der Strömung der Ebbe erfasst und außer Reichweite unserer Augen getragen. Ein Fischerboot nahm ihn noch lebend, wenn auch sehr erschöpft, auf. „Es war eine Welt voller Schrecken und Angst, zusammengedrängt in vier oder fünf Minuten entsetzlicher Aufregung", schrieb mein Vater, „und um das Grauen komplett zu machen, stand die ganze Familie, einschließlich der Kinder, auf dem Felsen und konnte alles gut sehen, und sie schrien wie verrückt."

Er liebte Tiere, Blumen und Vögel, und seine Zuneigung zu letzteren kam nirgends deutlicher zum Ausdruck als in seiner Hingabe zu seinen Raben in Devonshire Terrace. Über den Tod von „Grip", dem ersten Raben, schreibt er bezeichnend: „Sie werden zutiefst schockiert und betrübt sein zu hören, dass der Rabe nicht mehr lebt. Er starb heute kurz nach zwölf mittags. Er war seit einigen Tagen kränklich, aber wir erwarteten keine ernsten Folgen, da wir vermuteten, dass noch etwas von der weißen Farbe, die er letzten Sommer verschluckt hatte, in seinen lebenswichtigen Organen vorhanden sein könnte. Gestern Nachmittag ging es ihm so viel schlechter, dass ich einen Express nach dem Arzt schickte, der sofort kam und ihm eine starke Dosis Rizinusöl verabreichte. Unter dem Einfluss dieses Medikaments erholte er sich soweit, dass er um acht Uhr nachmittags Topping (den Kutscher) beißen konnte. Seine Nacht war friedlich. Heute Morgen, bei Tagesanbruch, schien es ihm besser zu gehen und er nahm reichlich warmen Haferbrei zu sich, dessen Geschmack ihm offenbar zu schmecken schien. Gegen elf Uhr ging es ihm so viel schlechter, dass es notwendig war, den Stallklopfer zu dämpfen. Gegen halb drei oder so hörte man ihn mit sich selbst über das Pferd und Toppings Familie sprechen und einige unzusammenhängende Ausdrücke hinzufügen, die entweder eine Vorahnung seines bevorstehenden Todes oder einige Wünsche bezüglich der Verfügung über sein kleines Vermögen gewesen sein sollen, das hauptsächlich aus Halbpence bestand, die er in verschiedenen Teilen des Gartens vergraben hatte. Als die Uhr zwölf schlug, schien er leicht aufgeregt, aber er erholte sich bald, ging zwei- oder dreimal am Kutschenhaus entlang, blieb stehen, um zu bellen, taumelte und rief „Hallo, altes Mädchen!" (sein Lieblingsausdruck) und starb. Er benahm sich die ganze Zeit über mit anständiger Stärke, Gleichmut und Selbstbeherrschung. Ich bedauere zutiefst, dass ich, da ich nichts von der Gefahr wusste, in der er schwebte, nicht anwesend war, um seine letzten Anweisungen entgegenzunehmen.

„Etwas Bemerkenswertes an seinen Augen veranlasste Topping, um zwölf zum Arzt zu rennen. Als sie zusammen zurückkamen, war unser Freund verschwunden. Es war der Arzt, der mich über seinen Tod informierte. Er tat es mit Vorsicht und Feingefühl und bereitete mich mit der Bemerkung vor, dass ‚ein ziemlich merkwürdiger Schreck stattgefunden hatte'. Ich bin nicht ganz frei von Giftverdacht. Man hat einen bösartigen Metzger sagen hören, dass er ihn ‚erledigen' würde. Er flehte darum, dass er sich von keinem Vogel, der einen Schwanz trug, belästigen lassen würde, wenn er im Stall Befehle entgegennahm. Waren es Raben, die jemandem in der Wildnis Manna brachten? Manchmal hoffe ich, dass sie es waren, und manchmal fürchte ich, dass sie es nicht waren, sonst hätten sie es sicherlich nebenbei gestohlen. Kate geht es so gut, wie man es erwarten kann. Die Kinder scheinen ziemlich froh darüber zu sein. Er hat ihnen in die Knöchel gebissen, aber das war nur Spaß." Da mein Vater zu dieser Zeit „Barnaby Rudge" schrieb und sein Studium der Rabennatur fortsetzen wollte, nahm ein anderer und größerer „Grip" den Platz „unseres Freundes" ein, aber er war es, dessen Redetricks und komische Art meinen Vater auf die Idee brachten, einen Raben zu einer der Figuren in diesem Buch zu machen. Die Vorliebe meines Vaters für „Grip" übertrug sich jedoch nie auf einen anderen Raben, und keiner von uns vergab dem Metzger jemals, den wir alle in gewisser Weise für sein vorzeitiges Ableben verantwortlich machten.

Aber ich glaube, seine größte Liebe unter den Tieren galt den Hunden. Ich habe eine reizende Anekdote von ihm gehört, die von einem Hund einer Dame handelt, die er gut kannte, „Of", einem riesigen, schwarzen, gut gelaunten Neufundländer. Er kam aus Oxford und hatte sein ganzes Leben in einer Brauerei verbracht. Man gab ihm die Anweisung, dass er, wenn man ihn jeden Morgen allein hinausließe, sofort den Fluss aufsuchen, regelmäßig schwimmen und ernst wieder nach Hause kommen sollte. Dies tat er mit größter Pünktlichkeit, aber nach kurzer Zeit bemerkte man, dass er nach Bier roch. Seine Besitzerin war so sicher, dass sie beschloss, ihn zu beobachten. Man sah ihn von seinem Bad um die übliche Ecke zurückkommen und eine Treppe hinauf in eine Bierstube gehen. Man verfolgte ihn sofort, sah den Bierladenbesitzer einen Topf (Zinnkrug) herunternehmen und hörte ihn sagen: „Na, alter Junge, bist du wie üblich gekommen, um dein Bier zu holen, nicht wahr?" Daraufhin zapfte er ein Pint, stellte es ab und der Hund trank es. Als er aufgefordert wird zu erklären, wie das passiert, sagt der Mann: „Ja, Ma'am. Ich weiß, dass er Ihr Hund ist, Ma'am, aber ich wusste es nicht, als er das erste Mal kam. Er schaute herein, Ma'am, wie es ein Ziegelmacher tun würde, und dann kam er herein, wie es ein Ziegelmacher tun würde, und er wedelte mit dem Schwanz in Richtung der Töpfe, und er schnupperte herum und verriet mir, wie er an Bier gewöhnt war. Also zapfte ich ihm einen Tropfen, und er trank ihn aus. Am nächsten Morgen kam er pünktlich wieder und ich zapfte ihm ein Pint, und seitdem trinkt er sein Pint regelmäßig."

Wegen unserer Vögel durften wir keine Katzen ins Haus, aber von einem Freund aus London bekam ich ein weißes Kätzchen geschenkt – Williamina – und sie und ihre zahlreichen Nachkommen hatten ein glückliches Zuhause in „Gad's Hill". Sie wurde im ganzen Haus beliebt und war meinem Vater gegenüber besonders ergeben. Ich erinnere mich an eine Gelegenheit, als sie uns eine Kätzchenfamilie geschenkt hatte und eine Ecke in Vaters Arbeitszimmer als ihr Zuhause auswählte. Sie holte sie eins nach dem anderen aus der Küche und setzte sie in die von ihr ausgewählte Ecke. Mein Vater rief mir zu, ich solle sie wegbringen, da er die Kätzchen nicht in seinem Zimmer lassen könne. Ich tat es, aber Williamina brachte sie wieder zurück, eins nach dem anderen. Wieder wurden sie weggebracht. Beim dritten Mal legte sie sie nicht in die Ecke, sondern legte sie alle und sich selbst daneben zu den Füßen meines Vaters und warf ihm einen so flehenden Blick zu, dass er nicht länger widerstehen konnte und sie bleiben durften. Als die Kätzchen älter wurden, wurden sie immer ausgelassener, kletterten die Vorhänge hoch, spielten auf dem Schreibtisch herum und huschten hinter die Bücherregale. Aber man beschwerte sich nie über sie und sie lebten glücklich im Arbeitszimmer, bis die Zeit kam, ein anderes Zuhause für sie zu finden. Eines dieser Kätzchen wurde behalten, aber da es völlig taub war, blieb es namenlos und wurde von den Bediensteten wegen seiner Hingabe an meinen Vater als „die Katze des Herrn" bekannt. Es war immer bei ihm und folgte ihm wie ein Hund durch den Garten und saß bei ihm, während er schrieb. Eines Abends gingen wir alle, außer Vater, zu einem Ball, und als wir losfuhren, ließen wir „den Herrn" und seine Katze zusammen im Salon zurück. „Der Herr" las an einem kleinen Tisch, auf dem eine brennende Kerze stand. Plötzlich ging die Kerze aus. Mein Vater, der sich sehr in sein Buch vertiefte, zündete die Kerze wieder an, streichelte die Katze, die ihn, wie er bemerkte, mitleiderregend ansah, und las weiter. Ein paar Minuten später, als es schon dunkel wurde, sah er gerade rechtzeitig auf, um zu sehen, wie der Kater die Kerze absichtlich mit der Pfote ausdrückte und ihn dann flehend ansah. Dieser zweite und unmissverständliche Wink wurde nicht ignoriert, und der Kater bekam die Streicheleinheiten, nach denen er sich sehnte. Vater war voll von dieser Anekdote, als sich alle am nächsten Morgen zum Frühstück trafen.

Zu unseren Hunden gehörten „Turk" und „Linda", ersterer ein wunderschöner Mastiff und letztere ein sanftmütiger, gutmütiger

Bernhardiner mit sanften Augen. Als nächstes kam „Mrs. Bouncer", ein Zwergspitz, ein kleiner Ball aus weißem, flauschigem Fell, der mir als besonderes Geschenk zuteil wurde und sich durch seine Anmut und Zartheit schnell die Zuneigung jedes Mitglieds des Haushalts erspielte. Mein Vater wurde ihr besonderer Sklave und hatte eine besondere Stimme für sie – wie er sie für uns hatte, als wir Kinder waren –, auf die sie sofort reagierte, indem sie aus jedem Teil des Hauses zu ihm rannte, wenn sie seinen Ruf hörte. Er freute sich, sie mit den großen Hunden zu sehen, mit denen sie sich großartig aufführte, „weil", wie er sagte, „sie so absurd klein aussieht." Ein paar Jahre später kam „Don", ein Neufundländer, und dann „Bumble", sein Sohn, der nach „Oliver Twists" Gemeindediener benannt wurde, weil er „sich als Kleinkind auf eine besonders pompöse und anmaßende Art und Weise zeigte, als würde er den Hof bewachen." Zuletzt kam „Sultan", ein irischer Bluthund, der in seinem Leben in „Gad's Hill" eine bittere Erfahrung machte. Eines Abends riss seine Kette, er fiel über ein vorbeigehendes kleines Mädchen her und biss sie so heftig, dass mein Vater es für notwendig hielt, ihn erschießen zu lassen, obwohl ihm diese Entscheidung viel Kummer bereitete.

Für kurze Zeit hatte ich die Pflege eines Mischlings namens „Gipsy". Sie durfte keines der Familienzimmer betreten und verbrachte ihre Zeit damit, zufrieden auf dem Teppich vor dem Wohnzimmer zu liegen. Eines Nachmittags kam ein Freund aus Chatham und brachte einen wunderbaren Pudel mit, der speziell eingeladen worden war, um alle seine Tricks zur Freude meines Vaters vorzuführen. Bei seiner Ankunft wurde „Mrs. Bouncer" wütend, und als er mit seinen Tricks begann, ging sie absichtlich in die Halle und begleitete „Gipsy" ins Wohnzimmer, als wollte sie sagen: „Das kann ich nicht ertragen. Wenn fremde Hunde so viel Aufhebens machen, sollten die Hunde im Haus zumindest ins Zimmer dürfen." Sie sah „Fosco", den Pudel, nicht an, sondern saß während seiner ganzen Vorstellung mit dem Rücken zu ihm da, das Bild gekränkter Würde. Sobald er jedoch das Haus verlassen hatte, und erst dann, begleitete sie „Gipsy" zurück zu ihrem Teppich. Mein Vater fand das Verhalten von „Bouncer" äußerst amüsant und erzählte diese Geschichte mit Vergnügen über sie.

„Mrs. Bouncer" wurde während seiner Abwesenheit von zu Hause durch viele Botschaften ihres Herrchens geehrt. Hier ist eine, die ich schrieb, als ich mich von einer schweren Krankheit erholte: „Vor meinem geistigen Auge sehe ich ,Mrs. Bouncer', noch mit einigen Spuren von Angst auf ihrem treuen Gesicht, wie sie ein wenig ungleichmäßig auf ihren Vorderbeinen balanciert, ihre Ohren spitzt, ihren Kopf auf eine Seite legt und ihre intellektuellen Nasenlöcher leicht öffnet. Ich sende ihr meine liebevolle und respektvolle Pflicht." Und noch einmal: „Denken Sie daran, dass ich jede Nacht von ,Mrs. Bouncer' träume!!!"

Die Liebe meines Vaters zu Hunden führte ihn während unseres Aufenthalts in Boulogne zu einer seltsamen Freundschaft. In einem Häuschen an der Straße, die von unserem Haus in die Stadt führte, lebte ein Schuster, der den ganzen Tag an seinem Fenster saß und arbeitete, mit seinem Hund – einem Zwergspitz – neben ihm auf dem Tisch. Der Schuster, für den sich mein Vater wegen der Intelligenz seines Zwergspitzgefährten sehr interessierte, wurde krank und konnte viele Monate lang nicht arbeiten. Mein Vater schreibt: „Der Schuster ist seit vielen Monaten krank. Der kleine Hund sitzt so unglücklich und hilfsbereit an der Tür, dass ich jeden Tag erwarte, ihn beim Nähen eines Paars Stulpenstiefel zu sehen." Ein anderes Mal schreibt mein Vater, als er die Geschichte dieses kleinen Tieres erzählt: „Ein Schuster in Boulogne, der den nettesten kleinen Hund hatte, der immer an seinem sonnigen Fenster saß und ihm bei der Arbeit zusah, fragte mich, ob ich den Hund mit nach Hause nehmen würde, da er es sich nicht leisten konnte, die Steuer für ihn zu bezahlen. Da der Schuster und der Hund beide meine engen Freunde waren, kam ich der Bitte nach. Der Schuster trennte sich mit gebrochenem Herzen von dem Hund. Als der Hund hier nach Hause kam, band ihn mein Mann, der Idiot, der er ist, fest und band ihn wieder los. Sobald das Tor geöffnet war, rannte der Hund (am Tag nach seiner Ankunft) hinaus. Am nächsten Tag sahen Georgy und ich ihn tot und mit Schlamm bedeckt vor der benachbarten Kirche liegen. Wie soll ich es dem Schuster sagen? Er ist zu arm, um nach England zu kommen, also habe ich das Gefühl, dass ich ihn mein Leben lang anlügen und sagen muss, dass der Hund fett und glücklich ist."

Während unserer Kindheit besaßen wir nur wenige Pferde und Ponys, und diese gehörten nicht zu den erlesensten Rassen. Ich erinnere mich jedoch an ein hübsches Pony, das uns viel Freude bereitete, und an den guten alten

„Toby", das gute, robuste Pferd, das wir viele Jahre lang in „Gad's Hill"
einsetzten. Mein Vater jedoch mochte Pferde sehr gern, und ich erinnere
mich, wie er einmal die seltsame Tatsache kommentierte, dass ein Tier „mit
so edlen Eigenschaften die Ursache für so viel Schurkerei sein kann".

* * * * *

An
Miss Dickens' Zwergspitz. „MRS. BOUNCER."

Pelzig, faul, warm und hell,
pinkelt aus ihrem weißen Pony, blinzelt und schläft sie Tag
und Nacht,

Ein glücklicher Spitz!

Sie braucht den grausamen Stock nicht zu fürchten,
noch hat sie einen einzigen Trick gelernt – sie würdigt es
nur, die Hand ihrer Herrin zu lecken,

Während sie strickt.

Sie isst und trinkt und isst wieder,
ist nie im Wind oder Regen draußen, unternimmt viele
Reisen mit dem Zug,

Und sie gibt es zu.

Sie hat ihren eigenen koketten Charme,
kennt keine Sorgen, keine Ängste und schlummert in den
Armen ihrer Herrin –

Ein schläfriger Spitz.

Wie klein und pikant sind ihre Füße—
Ben Allens Schwester hatte so ordentlich—Sie sieht so
frech aus, man könnte schlagen

Sie kriegt Wutanfälle.

Ganz hinreißend, wenn sie ordentlich und sauber ist,
Ihre Brüste scheinen mit Krinoline ausgekleidet zu sein:
Sie regiert das Haus, eine hochmütige Königin,

Ein frecher Spitz!

Erträgt gerade noch die häufige Umarmung –
döst den ganzen Tag auf dem Teppich, selbstgefällig,
philosophisch – gemütlich,

Ihre Pfoten sind wie Fäustlinge.

Beim Abendessen – ach, dieses liebliche Babel!
Berühre ihre Pfote unter dem Tisch, Sie würde dich in den
Fuß beißen – wenn sie nur könnte –

Ein frecher Spitz.

Um ihre Herrin zu finden, flog sie los!
Sie wusste, dass sie den nächsten Schritt treu tun sollte.
Mögen andere ebenso tapfer und treu sein –

Lords oder Wits!

Als SULTAN , TURK und LINDA flogen
, eilte der verlorene geliebte Meister ihm entgegen,
grüßte er immer mit *seiner freundlichen Stimme*

Der kleine Spitz!

Ach! so pelzig, warm und weiß,
Aus dieser kalten Welt floh sie, Nicht mehr auf dem
Teppich, am hellen Kamin,

Lieber TÜRSTEHER, sitzt.

PERCY FITZGERALD .

KAPITEL V.

Interesse an Londoner Vögeln. – Unser Hausvogel „Dick". – Hingabe seiner Hunde. – Entscheidung, Amerika zu besuchen. – Seine Ankunft in New York. – Kommentare zu amerikanischen Höflichkeiten. – Abschied von öffentlichen Auftritten.

Die herzliche Zuneigung, die meinem Vater den Menschen gegenüber so eigen war, galt, wie ich bereits erzählte, auch den Tieren und Vögeln. Mir fallen noch ein paar weitere Anekdoten ein, die ich hier erzählen möchte, bevor ich von seinem Amerika-Besuch, seinen Lesungen und der für mich traurigen Geschichte seines letzten öffentlichen Auftritts erzähle.

Die schnelle und amüsante Beobachtung der Londoner Vögel und ihrer Gewohnheiten sowie ihrer Vorliebe für „niedere Gesellschaft" meines Vaters ist voller Charme und kurioser Kuriositäten. Er schreibt: „Dass etwas, das aus einem Ei geboren und mit Flügeln ausgestattet wurde, so weit gekommen ist, dass es zufrieden eine Leiter hinunter in einen Keller hüpft und das als Nachhausekommen bezeichnet, ist ein so erstaunlicher Umstand, dass man sich in dieser Hinsicht über nichts mehr wundern muss. Ich kenne einen niederen Kerl, der ursprünglich aus einer guten Familie aus Dorking stammt und seine gesamte Ehefrauenbande in einer Reihe durch die Tür der Krugabteilung einer unordentlichen Taverne in der Nähe des Haymarket führt, sie zwischen den Beinen der Gesellschaft hindurchmanövriert und mit ihnen durch den Flascheneingang wieder herauskommt, wobei er in der Saison selten vor zwei Uhr morgens zu Bett geht. Und so verbringt er sein Leben. Aber die Familie, die ich am besten kenne, wohnt im dichtesten Teil von Bethnal Green. Ihre Abstraktion von den Gegenständen, in denen sie leben, oder vielmehr ihre Überzeugung, dass diese Gegenstände alle in ausdrücklicher Unterwürfigkeit gegenüber den Vögeln entstanden sind, hat mich so bezaubert, dass ich sie zum Gegenstand vieler Reisen zu verschiedenen Zeiten gemacht habe. Nach sorgfältiger Beobachtung der beiden Lords und der zehn Damen, aus denen diese Familie besteht, bin ich zu dem Schluss gekommen, dass ihre Meinungen durch den führenden Lord und die führende Dame vertreten werden, wobei letztere, wie ich beurteile, eine betagte Persönlichkeit ist, die unter einem Mangel an Federn und sichtbaren Federn leidet, was ihr das Aussehen eines Bündels von Bürostiften verleiht. Sie betrachten alte Schuhe, Wracks von Kesseln, Kochtöpfen und Bruchstücke von Hauben als eine Art Meteoritenentladung, nach der die Vögel picken können. Gaslicht ist für sie genauso natürlich wie jedes andere Licht; und ich habe mehr als nur den Verdacht, dass in den Köpfen der beiden Lords das frühere Wirtshaus an der Ecke die Sonne verdrängt hat. Sie fangen immer an zu krähen, wenn die Fensterläden des Wirtshauses heruntergelassen werden, und sie grüßen den Kellner, sobald er erscheint, um seine Pflicht zu erfüllen, als wäre er Phoebus persönlich."

Bei einem seiner Spaziergänge durch die Slums war mein Vater so fasziniert von der Intelligenz eines eifrigen Stieglitzes, der in seinem Käfig Wasser für sich selbst schöpfte – er hatte auch andere Fähigkeiten –, dass er hineinging und ihn kaufte. Aber der kleine Vogel tat nichts, vollführte keinen einzigen Trick, als er sein neues Zuhause in der Doughty Street erreichte, und schöpfte nur im Dunkeln Wasser oder wenn er dachte, dass niemand zusah. „Nach einer Zeit vergeblicher und schließlich hoffnungsloser Erwartung", schreibt mein Vater, „wurde der Kaufmann, der ihn erzogen hatte, angesprochen. Der Kaufmann war ein krummbeiniger Typ mit einer flachen und flauschigen Nase, wie die letzte frische Erdbeere. Er trug eine Pelzmütze und Shorts und war von der samtartigen Rasse. Er ließ ausrichten, dass er sich ‚umsehen' würde. Er sah sich um, erschien in der Tür des Zimmers und warf dem Stieglitz leicht einen bösen Blick zu. Augenblicklich überkam den Vogel ein rasender Durst, und als er gestillt war, schöpfte er noch mehrere unnötige Eimer Wasser, sprang auf der Stange herum und spitzte mit unbändiger Zufriedenheit seinen Schnabel."

Als wir eines Sommers in Broadstairs waren, schenkte unsere Badefrau, die Vögel züchtete, meiner Schwester und mir einen Kanarienvogel. „Dick", der erst wenige Wochen alt war, als er zu uns kam, wuchs zu einem wahren Vogelkönig heran und wurde mit der Zeit ein sehr wichtiges Mitglied des Haushalts. Zu seinen Lebzeiten wurde ein erbitterter Krieg gegen Katzen geführt, und mein Vater beschreibt in einem Brief aus Boulogne unsere Probleme mit der Katzenrasse sehr witzig: „Wir toben gegen zwei besonders tigerartige und furchterregende Katzen (von der Mühle, nehme ich an), die in dunklen Ecken immer hinter unserem wunderbaren kleinen ‚Dick' her sind. Wenn man das Haus an allen Stellen offen hält, ist es unmöglich, sie auszusperren, und sie verstecken sich auf die schrecklichste Art und Weise, hängen sich wie Fledermäuse hinter Vorhängen auf und purzeln mitten in der Nacht mit furchtbarem Katzengeheul heraus. Daraufhin leiht sich French, der Diener, eine Waffe, lädt sie bis zur Mündung, feuert zweimal vergeblich ab und wirft sich beim Rückstoß genau wie ein Clown um. Doch schließlich, während ich in der Stadt war, zielte er auf die liebenswürdigere der beiden Katzen und schoss sie tot. Unerträglich begeistert über diesen Sieg ist er nun von morgens bis abends damit beschäftigt, sich hinter Büschen zu verstecken, um auf die andere zu zielen. Sonst tut er überhaupt nichts. Alle Jungen ermutigen ihn und halten nach dem Feind Ausschau, bei dessen Erscheinen sie Alarm schlagen, was der Kreatur sofort als Warnung dient, die davonläuft. Sie – die Jungen – liegen in diesem Augenblick (fertig für die Kirche angezogen) alle auf dem Bauch in verschiedenen Teilen des Gartens. Ich habe Angst hinauszugehen, weil ich befürchten könnte, erschossen zu werden. Mr. Plornish betet nachts flüsternd, damit die Katze ihn nicht hört und sich beleidigt fühlt. Die Händler rufen, als sie die Allee heraufkommen: „*Me Voici! C'est Moi – boulanger – me tirez pas*, *Monsieur Frenche* !" Es ist, als würde man im Belagerungszustand leben, und die wunderbare Art und Weise, in der die Katze den Ruf bewahrt, die einzige Person zu sein, die von der Intensität dieser Monomanie nicht sehr gestört wird, ist höchst lächerlich. Das Schönste ist, dass ich, gleich nachdem ich den edlen Jäger im Garten vor ihr auf sie schießen gehört habe, aus meiner Zimmertür ins Wohnzimmer schaue und ziemlich sicher bin, sie durch das hintere Fenster in aller Ruhe hinter dem Vogel herkommen zu sehen." Aber „unserem wunderbaren kleinen ‚Dick'" ist nie etwas passiert, er wurde ein hohes Alter von sechzehn Jahren erreicht und unter einem Rosenbaum in „Gad's Hill" begraben.

Nach seiner Rückkehr von seinem letzten Besuch in Amerika schrieb er einen bezaubernden Bericht über die Begrüßung durch die Hunde auf „Gad's Hill". „Wenn Sie mich nach den Hunden fragen, fange ich mit ihnen an. Als ich herunterkam, kam ich zuerst nach Gravesend, fünf Meilen entfernt. Die beiden Neufundländer kamen mir mit der üblichen Kutsche und dem üblichen Kutscher entgegen, und als ich in meiner üblichen Kleidung aus der üblichen Tür kam, fiel mir auf, dass ihre Erinnerung an meine ungewöhnlich lange Abwesenheit sofort verflogen war. Sie benahmen sich (es sind beide junge Hunde) genau wie üblich, kamen hinter dem Korbphaeton her, als wir dahintrabten, und hoben ihre Köpfe, um sich an den Ohren ziehen zu lassen, eine besondere Aufmerksamkeit, die sie von niemand anderem bekamen. Aber als ich in den Stallhof fuhr, war „Linda" sehr aufgeregt; sie weinte heftig und warf sich auf den Rücken, um meinen Fuß mit ihren großen Vorderpfoten zu streicheln. Auch Mamies kleiner Hund, „Mrs." „Der Rausschmeißer', bellte in hochster Aufregung, als er heruntergerufen wurde und fragte: ‚Wer ist das?', raste um mich herum wie der Hund in den Faust-Skizzen."

Mein Vater brachte bei seiner Rückkehr von seinem ersten Besuch in Amerika einen kleinen, zottigen Havanna-Spaniel mit, den er geschenkt bekommen hatte und den er „Timber Doodle" nannte. Er schrieb über ihn: „Der kleine Hund macht schnell Fortschritte und springt jetzt auf Kommando über meinen Stock." „Timber" begleitete uns auf all unseren Auslandsreisen, und in Albaro hatte der arme kleine Kerl eine sehr unglückliche Erfahrung – eine längere Begegnung mit einer Flohplage. Vater schreibt: „Timber' wurde wegen der Flöhe jedes Haar am Körper abgeschnitten, und er sieht aus wie der Geist eines ertrunkenen Hundes, der nach etwa einer Woche aus einem Teich aufgetaucht ist. Es ist sehr schrecklich, ihn in ein Zimmer schleichen zu sehen. Er spürt die Veränderung und dreht sich ständig im Kreis, um nachzusehen. Ich glaube, er wird vor Kummer sterben; es bleibt zu hoffen, dass das Haar wieder nachwächst."

Viele Jahre lang waren die öffentlichen Lesungen meines Vaters ein wichtiger Teil seines Lebens, und er steckte die beste Energie seines Herzens und seiner Seele in ihre Aufführung und Vorbereitung, indem er zu jeder Zeit und an jedem Ort übte und probte. Die Wiese in der Nähe unseres Hauses war ein beliebter Ort, und die Leute, die durch die Gasse gingen und nicht wussten, wer er war oder was er tat, müssen ihn aufgrund seiner Rezitationen und Gestikulationen für einen Verrückten gehalten haben. Der große Erfolg dieser Lesungen führte zu vielen verlockenden Angeboten aus den Vereinigten Staaten, die wir jedoch im Laufe der Zeit, als uns klar wurde, wie sehr die Anstrengung der Lesungen zusammen mit seiner anderen Arbeit seine Kräfte zehrte, entschieden ablehnten, wenn er überhaupt darüber nachdachte. Nach langer Diskussion und Überlegung schrieb er mir jedoch am 28. September 1867: „Wie ich Ihnen nach meinem Treffen telegrafiert habe, gehe ich los, um mich mit Herrn Forster und Dolby zu beraten. Sie werden entweder am Montag oder mit der Montagspost aus London erfahren, wie ich mich endgültig entscheide." Drei Tage später: „Sie werden mein Telegramm erhalten haben, dass ich nach Amerika gehe. Nach einer langen Diskussion mit Forster und der Abwägung dessen, was auf beiden Seiten zu sagen ist, habe ich mich entschlossen, die Sache durchzuziehen, und habe Boston telegrafisch „Ja" gesagt." Zunächst war die Rede davon, dass ich ihn begleite, aber als meinem Vater das Programm der Reise vorgelegt wurde und er sah, wie viel Zeit den Geschäften gewidmet werden musste und wie wenig, ja fast keine Zeit für Besichtigungen blieb, wurde dieser Gedanke aufgegeben.

Am zweiten November wurde ihm in London ein Abschiedsbankett gegeben, und am neunten segelte er ab. Eine große Gruppe von uns fuhr nach Liverpool, um ihn segeln zu sehen und ihm schweren Herzens Lebewohl zu sagen. Damals war eine Reise nach Amerika eine ernste Angelegenheit, und wir spürten in unseren Herzen, dass er dabei war, seine Gesundheit und Kraft zu sehr auf die Probe zu stellen. Und das tat er auch.

Bald nach seiner Ankunft in den Vereinigten Staaten zog sich mein Vater eine schwere Erkältung zu, die ihn während seines Aufenthalts nicht mehr losließ und ihm große Unannehmlichkeiten bereitete. Ich werde Ihnen einige Zitate aus seinen Briefen geben, um zu zeigen, wie tapfer er gegen seine Krankheit kämpfte und unter welcher Anstrengung er seine Arbeit fortsetzte. Bei seiner Ankunft in New York am Weihnachtstag schrieb er als Antwort auf einen meiner Briefe, der ihn dort erwartete: „Ich brauchte Ihren Brief sehr, denn ich hatte eine furchtbare Erkältung (englische Erkältungen sind nichts im Vergleich zu denen in diesem Land) und fühlte mich sehr elend." Ein oder zwei Tage später fügt er diesem Brief hinzu: „Ich habe es letzte Nacht geschafft zu lesen, aber das war alles, was ich tun konnte. Heute geht es mir so schlecht, dass ich nach einem Arzt geschickt habe." Weiter schreibt er: „Es kommt auch nicht selten vor, dass ich so erschöpft bin, wenn ich von der Bühne komme, dass sie mich nach dem Waschen und Anziehen auf ein Sofa legen und ich dort eine Viertelstunde lang völlig benommen liege. In dieser Zeit erhole ich mich und komme wieder zu Kräften." Nochmals: „Am Nachmittag meines Geburtstags war mein Katarrh so schlimm, dass Charles Sumner, als er um fünf Uhr hereinkam und mich mit Senfumschlägen bedeckt und scheinbar sprachlos vorfand, sich an Dolby wandte und sagte: ‚Sicher, Mr. Dolby, es ist unmöglich, dass er heute Abend lesen kann.' Dolby sagt: ‚Sir, ich habe Mr. Dickens das heute viermal gesagt und war sehr besorgt. Aber Sie haben keine Ahnung, wie er sich verändern wird, wenn er an den kleinen Tisch kommt.' Nach fünf Minuten an dem kleinen Tisch war ich für den Moment nicht einmal heiser. Die häufige Erfahrung dieser Rückkehr der Kraft, wenn sie gebraucht wird, erspart mir viel Angst, aber manchmal bin ich nicht frei von der nervösen Angst, dass ich eines Tages ganz zusammenbrechen könnte."

Als Belohnung für seine uneingeschränkte Hingabe kam jedoch der wunderbare Erfolg seiner Tour, der Stolz und die Freude, die er angesichts der Begeisterung empfand, die ihm überall entgegengebracht wurde, die persönliche Zuneigung, die ihm entgegengebracht wurde, und die vielen lieben Freunde, die er gewann. Er schreibt aus Boston über diese Belohnungen: „Als wir letzten Samstagabend hier ankamen, *stellten* wir fest, dass Mrs. Fields das Zimmer nicht nur mit Blumen geschmückt hatte, sondern auch mit Stechpalmen (mit echten roten Beeren) und Moosgirlanden, die von den Spiegeln und Bilderrahmen herabhingen. Der heimelige Weihnachtseindruck des Ortes hat uns sehr beeindruckt."

Später aus Washington: „Ich musste an meinem Geburtstag hier über mich selbst lachen; ich wurde gefeiert, als wäre ich ein kleiner Junge. Blumen und Girlanden der erlesensten Art, in allerlei grünen Körben arrangiert, blühten im ganzen Raum; Briefe voller guter Wünsche gingen ein. Außerdem wurde der Saal abends von unbekannten Händen geschmückt; und nach ‚Boots at the Holly Tree Inn' erhob sich das Publikum, alle großen Leute, und jubelte, bis ich zum Tisch zurückging und eine kleine Rede hielt."

Er schrieb ständig nach Hause und gab häufig Aufträge für Verbesserungen in „Gad's Hill", die vor seiner Rückkehr durchgeführt werden sollten. Bei seinem zweiten Besuch war er, wie ich mich erinnere, genauso beeindruckt wie bei seinem ersten, von der Schönheit der amerikanischen Frauen. „Die Damen sind bemerkenswert hübsch", schrieb er.

Im Herbst 1869 begann er mit einer Reihe von Abschiedslesungen, die seine Gesundheit und Kraft erneut stark beanspruchten. Während seiner Tournee zu dieser Zeit schrieb er an Mr. Forster, nachdem sich einige ziemlich beunruhigende Symptome entwickelt hatten: „Ich sagte Beard ein Jahr nach dem Staplehurst-Unfall, dass ich sicher sei, dass mein Herz flatterte und ein wenig Hilfe brauchte. Das Stethoskop bestätigte dies; und angesichts der enormen Anstrengung, die ich durchmache, und des ständigen Rüttelns der Schnellzüge scheint mir der Fall durchaus verständlich. Sagen Sie nichts in ‚Gads' Richtung, dass ich ein wenig unwohl bin. Ich habe die Angelegenheit natürlich angesprochen, aber sehr vorsichtig."

Doch selbst diese Warnung machte ihm nicht klar, wie sehr seine Kräfte nachgelassen hatten, und mit unbezwingbarem Mut und Tatendrang setzte er seine Tournee fort. Seine Fußprobleme nahmen zu und er litt sehr darunter. Irgendwann war es notwendig, dass bei jeder Lesung ein Arzt bei ihm war. Doch trotz seiner Beharrlichkeit wurde er so krank, dass die Lesungen abgebrochen werden mussten.

KAPITEL VI.

Letzte öffentlich gesprochene Worte. – Ein Eisenbahnunglück im Jahr 1865. – Zu Hause nach seinem Amerikabesuch. – „Verbesserungen" in „Gad's Hill". – Noch einmal in „Gad's Hill". – Die letzten Tage seines Lebens. – Beerdigung in Westminster.

Am 15. März hielt mein Vater seine letzte Lesung in der St. James Hall in London. Auf dem Programm standen „Das Weihnachtslied" und der „Prozess" aus „Pickwick". Der Saal war mit einem riesigen Publikum gefüllt, und er wurde mit der ganzen Wärme begrüßt, die die persönliche Zuneigung zu dem Vorleser auslöste. Wir alle waren sehr besorgt um ihn und befürchteten, dass die Aufregung und die Emotionen, die mit seinem öffentlichen Abschied einhergehen würden, eine schlechte Wirkung auf ihn haben würden. Aber zu unserer großen Erleichterung hatte es jedenfalls keine unmittelbaren Folgen.

Ich glaube nicht, dass mein Vater jemals – und das ist eine große Sache – schöner aussah oder mit mehr Geschick las als bei seinem letzten Auftritt. Mr. Forster schreibt: „Der Zauber seiner Lektüre war auf dem Höhepunkt, als er das Buch ‚Pickwick' zuklappte und persönlich sprach. Er sagte, dass er fünfzehn Jahre lang seine eigenen Bücher einem Publikum vorgelesen habe, dessen einfühlsame und freundliche Anerkennung ihm Unterricht und Freude an seiner Kunst gegeben habe, wie es nur wenige Menschen hätten haben können; dass er es dennoch für gut hielte, sich jetzt von älteren Verbindungen zurückzuziehen und sich in Zukunft ausschließlich dem Beruf zu widmen, der ihn zuerst bekannt gemacht hat. ‚In nur zwei kurzen Wochen ab jetzt hoffe ich, dass Sie in Ihren eigenen Häusern eine neue Reihe von Lesungen besuchen können, bei denen meine Hilfe unentbehrlich sein wird; aber aus diesen grellen Lichtern verschwinde ich jetzt für immer mit einem herzlichen, dankbaren, respektvollen, liebevollen Abschied.'"

Es herrschte Totenstille, als mein Vater sich tief bewegt abwandte; dann brach aus dem Publikum ein solcher Jubelsturm und Applaus aus, dass es fast unerträglich war, vermischt mit persönlicher Liebe und Zuneigung für den Mann vor ihnen. Er kehrte mit uns allen nach „Gad's Hill" zurück, sehr glücklich und hoffnungsvoll, da ihm die Ruhe und der Frieden seines Zuhauses vorübergehend besser geworden waren, und er widmete sich mit wachsendem Vergnügen und Interesse seinem neuen Buch „Edwin Drood".

Seine letzten öffentlichen Auftritte waren im April. Am fünften übernahm er den Vorsitz beim Zeitungsverkäufer-Dinner. Am dreißigsten dankte er beim Bankett der Royal Academy für „Literatur". In dieser Rede spielte er auf den Tod seines alten Freundes, Herrn Daniel Maclise, an und schloss folgendermaßen: „Kein Künstler, welcher Konfession auch immer, das wage ich zu behaupten, ist jemals mit einer goldenen Erinnerung, die reiner von Schlacke war, zur Ruhe gegangen oder hat sich mit wahrerer Ritterlichkeit der Kunstgöttin gewidmet, die er verehrte." Diese Worte, mit dem alten, wahren, liebevollen Klang in ihnen, waren die letzten, die mein Vater öffentlich sprach.

Etwa 1865 begann die Gesundheit meines lieben Vaters zu schwinden, eine eigenartige Fußerkrankung, die ihm häufig die größten Qualen und Leiden bereitete, trat etwa zu dieser Zeit auf. Die wahre Ursache – Überarbeitung – vermuteten weder seine Ärzte noch er selbst, denn seine Vitalität schien nie nachlassen zu können; aber obwohl er so aktiv und voller Energie war, war er nie wirklich stark und merkte bald, dass er mehr für echte Erholung brauchte. Er schrieb mir etwa zu dieser Zeit aus Frankreich: „Bevor ich wegging, hatte ich mich sicherlich in einen geschwächten Zustand gebracht. Aber sobald ich weg war, begann ich, Gott sei Dank, wieder gesund zu werden. Ich hoffe, aus dieser Erfahrung Nutzen zu ziehen und künftige Arbeiten von meinem Schreibtisch zu erledigen, bevor ich sie brauche."

Auf dem Heimweg von dieser Reise erlitt er einen schrecklichen Eisenbahnunfall, von dem er später in einem Brief an einen Freund berichtete, in dem er schrieb, dass sein Herz nach diesem Unfall nie wieder in bester Verfassung gewesen sei. Der Unfall ereignete sich am 9. Juni, dem Tag, der fünf Jahre später auch sein Todestag war.

Er beschrieb seine Erlebnisse wie folgt: „Ich war im einzigen Wagen, der nicht in den Fluss stürzte. Er blieb in der Kurve an den Trümmern der Brücke hängen und schwebte auf eine scheinbar unmögliche Weise. Zwei Damen waren meine Mitreisenden, eine alte und eine junge. Genau das geschah – Sie können daraus schließen, wie lange wir in der Schwebe waren: Plötzlich waren wir von der Reling abgekommen und schlugen auf den Boden wie der Wagen eines halb leeren Ballons. Die alte Dame schrie ‚Mein Gott!' und die junge schrie. Ich packte sie beide (die alte Dame saß mir gegenüber und die junge links von mir) und sagte: ‚Wir können nicht anders, aber wir können ruhig und gelassen sein. Bitte, schreien Sie nicht!' Die alte Dame antwortete sofort: ‚Danke, verlassen Sie sich auf mich. Bei meiner Seele, ich werde ruhig sein.' Wir wurden dann alle zusammen in eine Ecke des Wagens gekippt, der dann anhielt. Daraufhin sagte ich zu ihnen: ‚Sie können sicher sein, dass nichts Schlimmeres passieren kann; unsere Gefahr muss vorüber sein. Bleiben Sie hier, ohne sich zu rühren, während ich aus dem Fenster steige?' Sie antworteten beide ganz gefasst ‚Ja', und ich stieg aus, ohne die geringste Ahnung zu haben, was geschehen war. Glücklicherweise stieg ich mit großer Vorsicht aus und stand auf der Stufe. Als ich nach unten blickte, sah ich, dass die Brücke verschwunden war und unter mir nichts als die Schienen. Einige Leute in den anderen beiden Abteilen versuchten wie verrückt, durch ein Fenster hinauszuspringen, und hatten keine Ahnung, dass sich unter ihnen fünfzehn Fuß tief ein offenes, sumpfiges Feld befand und sonst nichts. Die beiden Schaffner (einer mit Schnittwunden im Gesicht) rannten ganz wild auf dem Abwärtsgleis der Brücke (das nicht aufgerissen war) auf und ab. Ich rief ihnen zu: ‚Sehen Sie mich an! Bleiben Sie einen Augenblick stehen und sehen Sie mich an und sagen Sie mir, ob Sie mich nicht kennen?' Einer von ihnen antwortete: ‚Wir kennen Sie sehr gut, Mr. Dickens.' ‚Dann', sagte ich, ‚mein guter Freund, um Gottes Willen, geben Sie mir Ihren Schlüssel und schicken Sie einen dieser Arbeiter hierher, und ich werde diesen Waggon leeren.' Wir schafften es ganz sicher, mithilfe eines oder zweier Bretter, und als wir fertig waren, sah ich den ganzen Rest des Zuges, mit Ausnahme der beiden Gepäckwagen, den Bach hinunter. Ich stieg wieder in den Waggon, um meine Brandyflasche zu holen, nahm meinen Reisehut ab und benutzte ihn als Schüssel, kletterte das Mauerwerk hinunter und füllte meinen Hut mit Wasser. Plötzlich stieß ich auf einen taumelnden Mann, der blutüberströmt war (ich glaube, er war glatt aus seinem Waggon geschleudert worden), mit einem so schrecklichen Schnitt quer über dem Schädel, dass ich es nicht ertragen konnte, ihn anzusehen. Ich goss ihm etwas Wasser übers Gesicht und gab ihm etwas zu trinken, dann gab ich ihm etwas Brandy und legte ihn ins Gras.

Er sagte: „Ich bin weg" und starb danach. Dann stolperte ich über eine Dame, die auf dem Rücken an einem kleinen Kappbaum lag, und das Blut strömte ihr in mehreren deutlich erkennbaren kleinen Rinnsalen über das Gesicht (das bleifarben war). Ich fragte sie, ob sie ein wenig Brandy trinken könne, und sie nickte nur, und ich gab ihr etwas davon und ließ sie für jemand anderen zurück. Als ich das nächste Mal an ihr vorbeikam, war sie tot. Dann kam ein Mann, der gestern bei der Untersuchung verhört wurde (und der offensichtlich nicht die geringste Erinnerung an das hatte, was wirklich vorgefallen war), auf mich zugerannt und flehte mich an, ihm zu helfen, seine Frau zu finden, die später tot aufgefunden wurde. Keine Vorstellungskraft kann den Verfall der Kutschen oder die außergewöhnliche Last, unter der die Menschen lagen, oder die Verwicklungen begreifen, in die sie zwischen Eisen und Holz und Schlamm und Wasser verwickelt waren. Ich verhalte mich hier sehr ruhig."

Dieser Brief wurde vier Tage nach dem Unfall von „Gad's Hill" aus geschrieben. Wir mussten uns keine Sorgen um unseren Vater machen, da wir erst von dem Unfall erfuhren, als wir schon bei ihm in London waren. Mit seiner üblichen Sorgfalt und Rücksicht hatte er seinem Freund Mr. Wills telegrafiert, er solle uns in die Stadt rufen, um ihn zu treffen. Der Brief fährt fort: „Ich habe, ich weiß nicht, wie ich es nennen soll, eine konstitutionelle (nehme ich an) Geistesgegenwart und war zu diesem Zeitpunkt nicht im Geringsten aufgeregt. Ich erinnerte mich sofort daran, dass ich das Manuskript einer Nummer bei mir hatte, und kletterte zurück in den Wagen, um es zu holen. Aber während ich diese spärlichen Worte der Erinnerung niederschreibe, fühle ich das Zittern und muss aufhören."

Später erfuhren wir, wie hilfreich er damals bei der Betreuung der Sterbenden gewesen war! Wie ruhig und liebevoll er sich um die Leidenden um ihn herum gekümmert hatte!

Doch er erholte sich nie ganz von dem Schock. Mehr als ein Jahr später schreibt er: „Es ist bemerkenswert, dass meine Uhr (ein spezieller Chronometer) seitdem nie mehr richtig gegangen ist, und bis heute überkommt mich manchmal, auf der Eisenbahn, in einer Droschke oder irgendeinem anderen Fortbewegungsmittel, für ein paar Sekunden ein vages Gefühl der Angst, das ich nicht unterdrücken kann. Es kommt und geht, aber ich kann nicht verhindern, dass es kommt."

Ich habe oft erlebt, wie ihn diese Angst überkam, und einmal, an das ich mich besonders erinnere, als wir auf dem Weg von London zu unserem kleinen Landbahnhof „Higham" waren, wo der Wagen uns abholen sollte, umklammerte mein Vater plötzlich die Armlehnen des Sitzes im Eisenbahnwaggon, während sein Gesicht aschfahl wurde und dicke Schweißtropfen auf seiner Stirn standen. Obwohl er sich sehr bemühte, die Angst zu beherrschen, war sie so stark, dass er den Zug am nächsten Bahnhof verlassen musste. Der Unfall hatte einen Eindruck in seinem Gedächtnis hinterlassen, der nie mehr ausgelöscht werden sollte. Die Stunden, die er auf der Eisenbahn verbrachte, waren danach oft Stunden voller Qual für ihn. Ich erkannte dies oft, wenn ich mit ihm reiste, und keine noch so große Beruhigung konnte das Gefühl vertreiben.

Anfang Mai 1868 war er wieder sicher bei uns, gestärkt und mit neuer Energie durch die Heimreise über den Ozean, und ich glaube, er war nie glücklicher in „Gad's Hill" als während seiner beiden letzten Jahre dort.

Während dieser Zeit hatte er eine Reihe von Gästen, und keiner wurde mehr geehrt oder herzlicher willkommen geheißen als seine amerikanischen Freunde. Der erste von ihnen, der kam, war, wenn ich mich recht erinnere, Mr. Longfellow mit seinen Töchtern. Mein Vater schreibt über ein Picknick, das er ihnen gab: „Ich schickte ein paar Postillone in der alten roten Jacke der alten Royal Red für unseren Ausritt herbei, und es war wie ein Urlaubsritt in England vor fünfzig Jahren. Natürlich schauten wir uns die alten Häuser in Rochester an, und die alte Kathedrale, und das alte Schloss, und das Haus für die sechs armen Reisenden.

„Nichts kann den Respekt übertreffen, der Longfellow hier entgegengebracht wird, von der Königin abwärts. Er wird überall empfangen und umworben und findet, dass die Arbeiterschaft seine Bücher mindestens ebenso gut kennt wie die Klassen, die sozial über ihnen stehen."

Zwischen dem Kommen und Gehen der Besucher gab es herrlich ruhige Abende zu Hause, die wir im Sommer auf unserer schönen Veranda verbrachten oder bis zehn Uhr, „Zeit zum Tablett", im Garten umherspazierten. Wenn die kühleren Nächte kamen, spielten wir Musik im Wohnzimmer, und ich erinnere mich heute mit Freude daran, wie viele Abende ich meinem Vater in diesen letzten Wintern all seine Lieblingslieder und -melodien vorspielte und vorsang, während er zuhörte, während er rauchte oder las oder, wie es seine üblichere Art war, im Zimmer auf und ab ging. Ich habe ihn nie friedlicher und zufriedener gesehen als zu diesen Zeiten.

In „Gad's Hill" wurden immer „Verbesserungen" – wie mein Vater seine Umbauten zu nennen pflegte – vorgenommen, und jede Verbesserung sollte die letzte sein. Wenn eine Verbesserung abgeschlossen war, musste meine Schwester – die immer eine regelmäßige Besucherin war und meinem Vater besonders lieb war – herunterkommen und sie in Augenschein nehmen, und wenn eine Verbesserung gezeigt wurde, sagte mein Vater höchst feierlich zu ihr: „Nun, Katie, siehst du die neueste und letzte Errungenschaft deiner Eltern." Diese „letzten Verbesserungen" wurden zu einem richtigen Witz zwischen ihnen. Ich erinnere mich noch gut an eine solche Gelegenheit, nachdem die Wände und Türen des Salons mit Spiegeln ausgekleidet worden waren, an die lachende Rede meiner Schwester an „den Meister": „Ich glaube, Papa, wenn du ein Engel wirst, werden deine Flügel aus Spiegelglas und deine Krone aus scharlachroten Geranien sein."

Und hier möchte ich einen Fehler korrigieren, der mich betrifft. Man hat mich als die „Lieblingstochter" meines Vaters bezeichnet. Wenn er eine Lieblingstochter hatte – und ich hoffe und glaube, dass ihm die eine genauso lieb war wie die andere –, dann muss meine liebe Schwester diese Ehre für sich beanspruchen. Ich sage das ohne Widerwillen, denn während dieser letzten zwei Jahre schienen mein Vater und ich uns näher zu kommen, und ich weiß, wie tief die liebevolle Vertrautheit zum Zeitpunkt seines Todes war.

Die „letzte Verbesserung" – in Wahrheit die allerletzte – war der Bau eines Wintergartens zwischen dem Wohnzimmer und dem Esszimmer. Mein Vater war davon mehr begeistert als von allen vorherigen Veränderungen, und es war sicherlich eine hübsche Ergänzung zu der malerischen alten Villa. Auch das Chalet, das er im Sommer als Arbeitszimmer nutzte, war ein weiterer Lieblingsort auf seinem Lieblingsort „Gad's Hill".

In den ersten Monaten des Jahres 1870 zogen wir nach London, da mein Vater beschlossen hatte, dort zwölf Abschiedslesungen zu halten. Er hatte die Zustimmung des verstorbenen Sir Thomas Watson zu diesem Vorhaben, unter der Bedingung, dass damit keine Bahnfahrten verbunden sein sollten. Während wir in London waren, ging er viele private Verpflichtungen ein, hauptsächlich, wie ich weiß, meinetwegen, da ich im Frühjahr vorgestellt werden sollte.

Bei diesem letzten Besuch in London war mein Vater jedoch nicht bei seiner üblichen Gesundheit und wurde so schnell und leicht müde, dass viele unserer Verabredungen abgesagt werden mussten. Er speiste sehr selten auswärts, und ich erinnere mich, dass ihm bei seinem letzten Abendessen, bei dem er an einer sehr großen Dinnerparty teilnahm, die Anstrengung zu viel war, und bevor die Herren in den Salon zurückkehrten, schickte er mir eine Nachricht, in der er mich bat, sofort zu ihm zu kommen, da er zu große Schmerzen habe, um die Treppe hinaufzusteigen. Niemand, der ihn während des gesamten Abendessens beobachtet, sein strahlendes, lebhaftes Gesicht gesehen und seiner heiteren Unterhaltung gelauscht hatte, hätte sich vorstellen können, dass er unter starken Schmerzen litt.

Am 30. Mai war er wieder in „Gad's Hill" und bald eifrig bei der Arbeit an „Edwin Drood". Obwohl er glücklich und zufrieden war, machte er einen Eindruck von Erschöpfung und Müdigkeit, der ganz anders war als seine übliche Ausstrahlung frischer Aktivität. Am Nachmittag des 6. Juni war er zum letzten Mal mit den Hunden draußen, als er nach Rochester ging, um die „Daily Mail" zu holen. Meine Schwester, die gekommen war, um sich die neueste „Verbesserung" anzusehen, besuchte uns und wollte mich bei ihrer Rückkehr für einen kurzen Besuch mit nach London nehmen. Der Wintergarten – die „Verbesserung", die Katie inspizieren sollte – war gefüllt, und zu diesem Zeitpunkt standen viele der Pflanzen in voller Blüte. Alles war in seiner schönsten Pracht, und ich erinnere mich deutlich an die Freude meines Vaters, meiner Schwester die Schönheiten seiner „Verbesserung" zu zeigen.

Wir hatten herrliches Wetter und daher standen die Pflanzen draußen in voller Blüte. Die roten Geranien, die mein Vater so sehr liebte, strahlten in den Vorgarten. Die Fliederbüsche erfüllten die Abendluft mit süßem Duft, als wir an diesem letzten Sonntag im Leben unseres lieben Vaters auf der Veranda saßen und im Garten umhergingen. Meine Tante und ich gingen früh zu Bett und meine liebe Schwester saß lange bei meinem Vater, während er ihr ernsthaft über seine Angelegenheiten erzählte.

Wie ich bereits sagte, hatte mein Vater eine so große Abneigung gegen Abschiede, dass er sich, wenn möglich, immer davor drückte, sich zu verabschieden, und wir Kinder, die diese Abneigung kannten, pflegten beim Abschied nur mit den Händen zu winken oder ihm einen stummen Kuss zu geben. Doch an diesem Montagmorgen, dem siebten, als wir gerade nach London aufbrechen wollten, sagte meine Schwester plötzlich: „Ich *muss* Papa auf Wiedersehen sagen", und eilte zu dem Chalet, wo er eifrig schrieb. Normalerweise hielt mein Vater, wenn er so beschäftigt war, seine Wange hoch, um geküsst zu werden, doch an diesem Tag nahm er meine Schwester in die Arme und sagte: „Gott segne dich, Katie", und dort, „zwischen den Zweigen der Bäume, zwischen den Vögeln und Schmetterlingen und dem Duft der Blumen", verließ sie ihn, um ihm nie wieder in die Augen zu sehen.

Am Nachmittag war er müde und hatte keine Lust, viel zu laufen. Also fuhr er mit meiner Tante nach Cobham. Dort ließ er die Kutsche stehen und ging durch den Park nach Hause. Nach dem Abendessen blieb er den ganzen Abend im Esszimmer sitzen, da er von dort aus die Wirkung einiger beleuchteter chinesischer Laternen sehen konnte, die er tagsüber im Wintergarten aufgehängt hatte. Er sprach mit meiner Tante über seine große Liebe zu „Gad's Hill", seinen Wunsch, dass sein Name stärker mit dem Ort in Verbindung gebracht werden möge, und seinen Wunsch, in seiner Nähe begraben zu werden.

Am Morgen des 8. war er in bester Stimmung und sprach von seinem Buch, an dem er den ganzen Tag arbeiten wollte und das ihn am meisten interessierte. Er verbrachte einen arbeitsreichen Morgen im Chalet, und es muss damals gewesen sein, als er jene Beschreibung von Rochester schrieb, die unsere Herzen berührte, als wir sie zum ersten Mal lasen, nachdem ihr Autor tot war: „Ein strahlender Morgen erstrahlt in der alten Stadt. Ihre Altertümer und Ruinen sind überragend schön mit dem üppigen Efeu, das in der Sonne glänzt, und den üppigen Bäumen, die in der milden Luft wiegen. Herrliches Licht, das von sich bewegenden Zweigen herrührt, Vogelgesang, Düfte aus Gärten, Wäldern und Feldern oder vielmehr aus dem einen großen Garten der gesamten kultivierten Insel in seiner fruchtbaren Zeit dringen in die Kathedrale, unterdrücken ihren irdischen Geruch und predigen die Auferstehung und das Leben."

Er kehrte zum Mittagessen nach Hause zurück, anscheinend vollkommen gesund und überaus fröhlich und hoffnungsvoll. Er rauchte eine Zigarre in seinem geliebten Wintergarten und ging zurück ins Chalet. Als er etwa eine Stunde vor der für ein frühes Abendessen festgelegten Zeit wieder nach Hause kam, war er müde, schweigsam und geistesabwesend, aber da dies eine für ihn nach einem Tag voller fesselnder Arbeit ganz normale Stimmung war, beunruhigte oder überraschte es meine Tante nicht, die zufällig das einzige Familienmitglied zu Hause war. Während er auf das Abendessen wartete, schrieb er in der Bibliothek einige Briefe und regelte einige unbedeutende geschäftliche Angelegenheiten im Hinblick auf seine Abreise nach London am nächsten Morgen.

Erst als sie am Esstisch saßen, erschreckte eine auffällige Veränderung in der Farbe und im Ausdruck seines Gesichts meine Tante. Auf ihre Frage, ob er krank sei, antwortete er: „Ja, sehr krank; ich bin seit einer Stunde sehr krank."

Aber als sie sagte, sie würde nach einem Arzt schicken, unterbrach er sie und sagte, er würde mit dem Abendessen fortfahren und danach nach London fahren.

Er unternahm ernsthafte Anstrengungen, den Anfall zu bekämpfen, der ihn schnell überkam, und sprach weiter, aber unzusammenhängend und sehr undeutlich. Da nun klar war, dass sein Zustand ernst war, bat ihn meine Tante, in sein Zimmer zu gehen, bevor sie medizinische Hilfe holte. „Komm und leg dich hin", flehte sie. „Ja, auf den Boden", antwortete er undeutlich. Das waren die letzten Worte, die er aussprach. Während er sprach, fiel er zu Boden. Eine Couch wurde ins Esszimmer gebracht, auf die er gelegt wurde, ein Bote wurde nach dem örtlichen Arzt geschickt, Telegramme wurden an uns alle und an Mr. Beard geschickt. Das war kurz nach sechs Uhr. Ich speiste in einem Haus, das nicht weit vom Haus meiner Schwester entfernt war. Das Abendessen war halb vorbei, als ich eine Nachricht erhielt, dass sie mit mir sprechen wollte. Ich fand sie in der Halle mit einem Wechselkleid für mich und einem wartenden Taxi. Schnell zog ich mein Kleid an und wir begannen die kurze Reise, die uns zu unserem so traurig veränderten Zuhause brachte. Unsere liebe Tante erwartete uns an der offenen Tür, und als ich ihr Gesicht sah, starb, glaube ich, die letzte schwache Hoffnung in mir.

Die ganze Nacht hindurch beobachteten wir ihn – meine Schwester auf der einen Seite des Sofas, meine Tante auf der anderen, und ich hielt heiße Ziegelsteine an seine Füße, die nichts erwärmen konnte, und hoffte und betete, er möge seine Augen öffnen und uns ansehen und uns wiedererkennen. Aber er bewegte sich nicht, öffnete nicht seine Augen, zeigte die ganze lange Nacht hindurch kein Anzeichen von Bewusstsein. Am Nachmittag des 9. wurde der berühmte Londoner Arzt Dr. Russell Reynolds (kürzlich verstorben) von den beiden anwesenden Medizinern zu einer Untersuchung gerufen, aber er konnte nur ihr hoffnungsloses Urteil bestätigen. Später, am Abend dieses Tages, um zehn Minuten nach sechs, sahen wir, wie unser lieber Vater erschauerte, er stieß einen tiefen Seufzer aus, eine große Träne rollte über sein Gesicht und in diesem Augenblick verließ uns sein Geist. Als wir sahen, wie der dunkle Schatten von seinem Gesicht wich und es so ruhig und schön in der Ruhe und Majestät des Todes zurückließ, glaube ich, dass es keinen von uns gab, der sich gewünscht hätte, seinen Geist auf die Erde zurückzurufen, hätten wir die Macht dazu gehabt.

Ich machte es mir zur Pflicht, den geliebten Körper zu bewachen, solange er uns noch blieb. Der Raum, in dem mein lieber Vater zum letzten Mal ruhte, war hell erleuchtet von den wunderschönen frischen Blumen, die zu dieser Jahreszeit so viele waren und die uns unsere guten Nachbarn so oft schickten. Überall sangen die Vögel und die Sommersonne schien hell.

> „Und möge mich kein Abschiedsschmerz überkommen,
> wenn ich an Bord gehe. Denn auch wenn die Flut mich
> weit aus unserer Zeit- und Ortsbindung trägt, hoffe ich,
> meinen Lotsen von Angesicht zu Angesicht
> wiederzusehen, wenn ich die Sandbank überquert habe."

Diese erlesenen Zeilen von Lord Tennyson scheinen so treffend auf meinen Vater, seine Angst vor dem Abschied und seinen großen, einfachen Glauben zu sein, dass ich es gewagt habe, sie hier zu zitieren.

Am Morgen nach seinem Tod bekamen wir einen sehr freundlichen Besuch von Sir John Millais, dann Mr. Millais, RA und Mr. Woolner, RA. Sir John fertigte eine wunderschöne Bleistiftzeichnung meines Vaters an, und Mr. Woolner fertigte einen Abdruck seines Kopfes an, nach dem er später eine Büste modellierte. Die Zeichnung gehört meiner Schwester und ist einer ihrer größten Schätze. Sie ist, wie alle Zeichnungen von Sir John, äußerst fein und raffiniert, und die Ähnlichkeit mit dem Aussehen meines Vaters im Tod ist absolut getreu.

Sie erinnern sich, dass er bei der Beschreibung der Illustrationen von Little Nells Sterbebett schrieb: „Ich möchte, dass es die schönste Ruhe und Stille ausdrückt und, wenn der Tod das kann, ein glückliches Aussehen hat." Und genau das drückte sein Sterbebett aus – unendliches Glück und Ruhe.

Da mein Vater den Wunsch geäußert hatte, auf dem ruhigen kleinen Friedhof in Shorne beerdigt zu werden, wurden Vorkehrungen für die Beisetzung dort getroffen. Dieser Plan wurde jedoch aufgegeben, da der Dekan und das Kapitel der Kathedrale von Rochester darum baten, seine Gebeine dort ruhen zu lassen. Ein Grab wurde vorbereitet und alles andere wurde arrangiert, als wir durch Dekan Stanley erfuhren, dass der allgemeine und sehr ernste Wunsch bestand, dass er seine letzte Ruhestätte in der Westminster Abbey finden sollte. Gegen eine solche Ehrung des Andenkens unseres lieben Vaters konnten wir nichts Einwände erheben, obwohl wir den Plan, ihn an einem Ort zu bestatten, der so eng mit seinem Leben und Werk verbunden ist, mit großem Bedauern aufgaben.

Die einzige Bedingung, die im Zusammenhang mit der Beerdigung in der Westminster Abbey gestellt wurde, bestand darin, dass die Klausel in seinem Testament, die lautete: „Ich verfüge nachdrücklich darüber, dass ich auf kostengünstige, unaufdringliche und streng private Weise beerdigt werde", strikt eingehalten werden sollte, was auch der Fall war.

Am Mittag des 14. Juni sahen wir zusammen mit einigen Freunden, wie unser geliebter Verstorbener in der großen alten Kathedrale beigesetzt wurde. Unsere kleine Gruppe in diesem riesigen Gebäude schien die schönen Worte unserer schönen Beerdigungszeremonie noch feierlicher und ergreifender zu machen als sonst. Später am Tag und an vielen folgenden Tagen strömten Hunderte von Trauernden zum offenen Grab und füllten das tiefe Gewölbe mit Blumen. Und selbst nachdem es geschlossen war, schrieb Dekan Stanley: „Der Platz war ständig bedrängt und viele Blumen wurden von unbekannten Händen darauf gestreut, viele Tränen flossen aus unbekannten Augen."

Und jedes Jahr am 9. Juni und am Weihnachtstag finden wir andere Blumen, die von unbekannten Händen an diesem Ort verstreut wurden, der uns und allen, die ihn kannten und liebten, so heilig war. Und jedes Jahr werden uns wunderschöne, bunte Blätter von der anderen Seite des Atlantiks geschickt, um sie zusammen mit unseren eigenen Blumen auf dieses geliebte Grab zu legen. Und es sind nun schon 26 Jahre vergangen, seit mein Vater gestorben ist!

Und was könnte für seine Grabinschrift besser sein als die Worte meines Vaters selbst:

> „Von dem geliebten, verehrten und geehrten Haupt kannst du kein einziges Haar zu deinen schrecklichen Zwecken krümmen, noch ein einziges Merkmal verabscheuen. Es ist nicht so, dass die Hand schwer ist und herabfällt, wenn man sie loslässt; es ist nicht so, dass Herz und Puls still sind; sondern dass die Hand offen, großzügig und treu war, das Herz tapfer, warm und zart und der Puls der eines Mannes. Schlag zu! Schatten, schlag zu! und sieh, wie seine guten Taten aus der Wunde entsprießen, um die Welt mit unsterblichem Leben zu besäen.“

DAS ENDE .

Fußnoten:

[15] Wenn ich über meine Tante oder „Tante" schreibe, was ich zweifellos oft tun werde, dann meine ich die Tante *schlechthin* , Georgina Hogarth. Sie war für mich, seit ich denken kann, und für uns alle die wahrste, beste und liebste Freundin, Gefährtin und Ratgeberin. Um die Worte meines Vaters zu zitieren: „Die beste und wahrste Freundin, die der Mensch je hatte."

9 789359 944500